平凡社新書
1014

家康の正妻 築山殿

悲劇の生涯をたどる

黒田基樹
KURODA MOTOKI

HEIBONSHA

家康の正妻 築山殿●目次

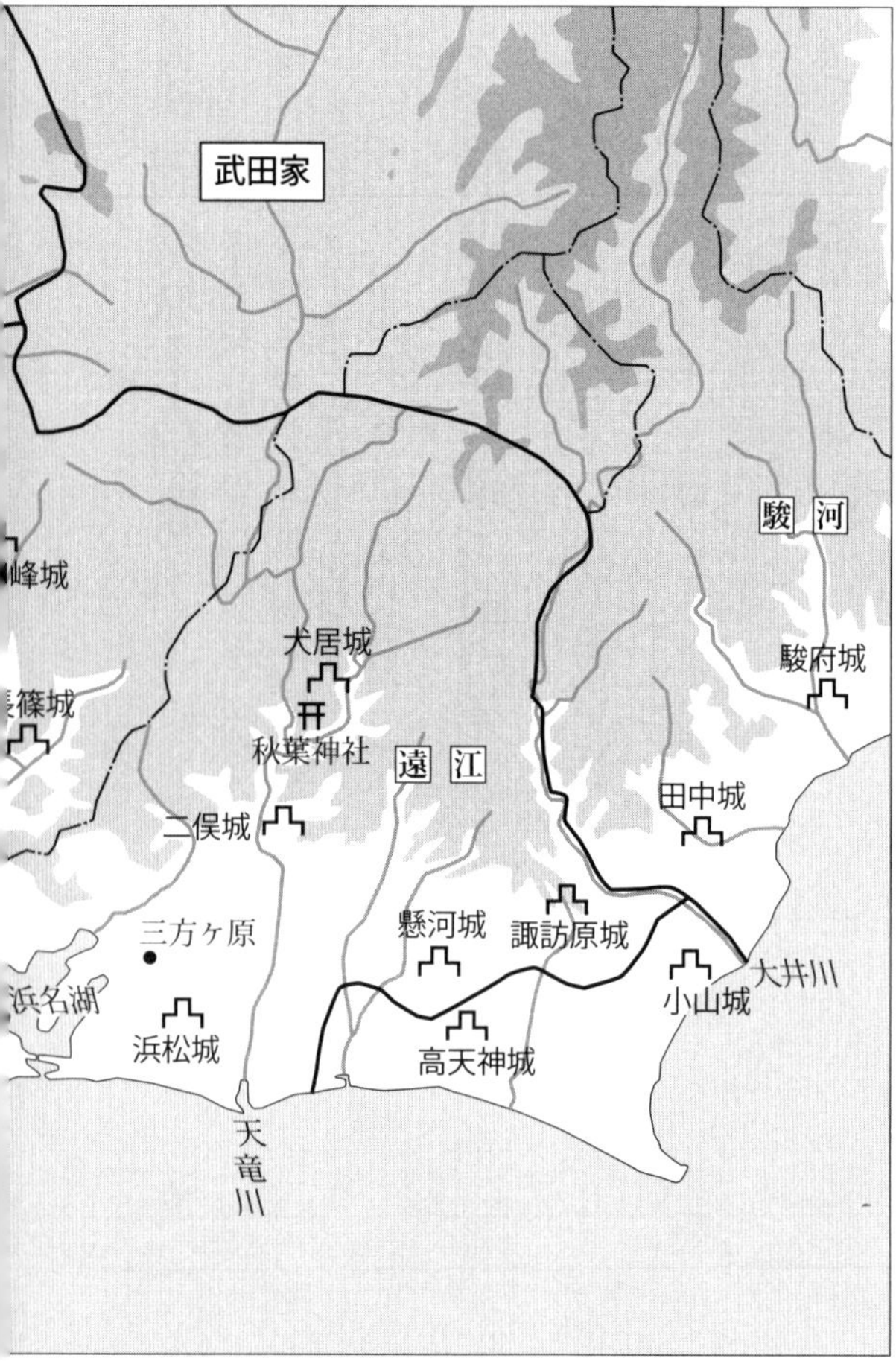

武田家
駿　河
峰城
駿府城
犬居城
秋葉神社
篠城
遠　江
田中城
二俣城
懸河城
諏訪原城
三方ヶ原
大井川
小山城
浜名湖
浜松城
高天神城
天竜川

徳川家領国図（天正7年。谷口克広『信長と家康』所収図をもとに作成）

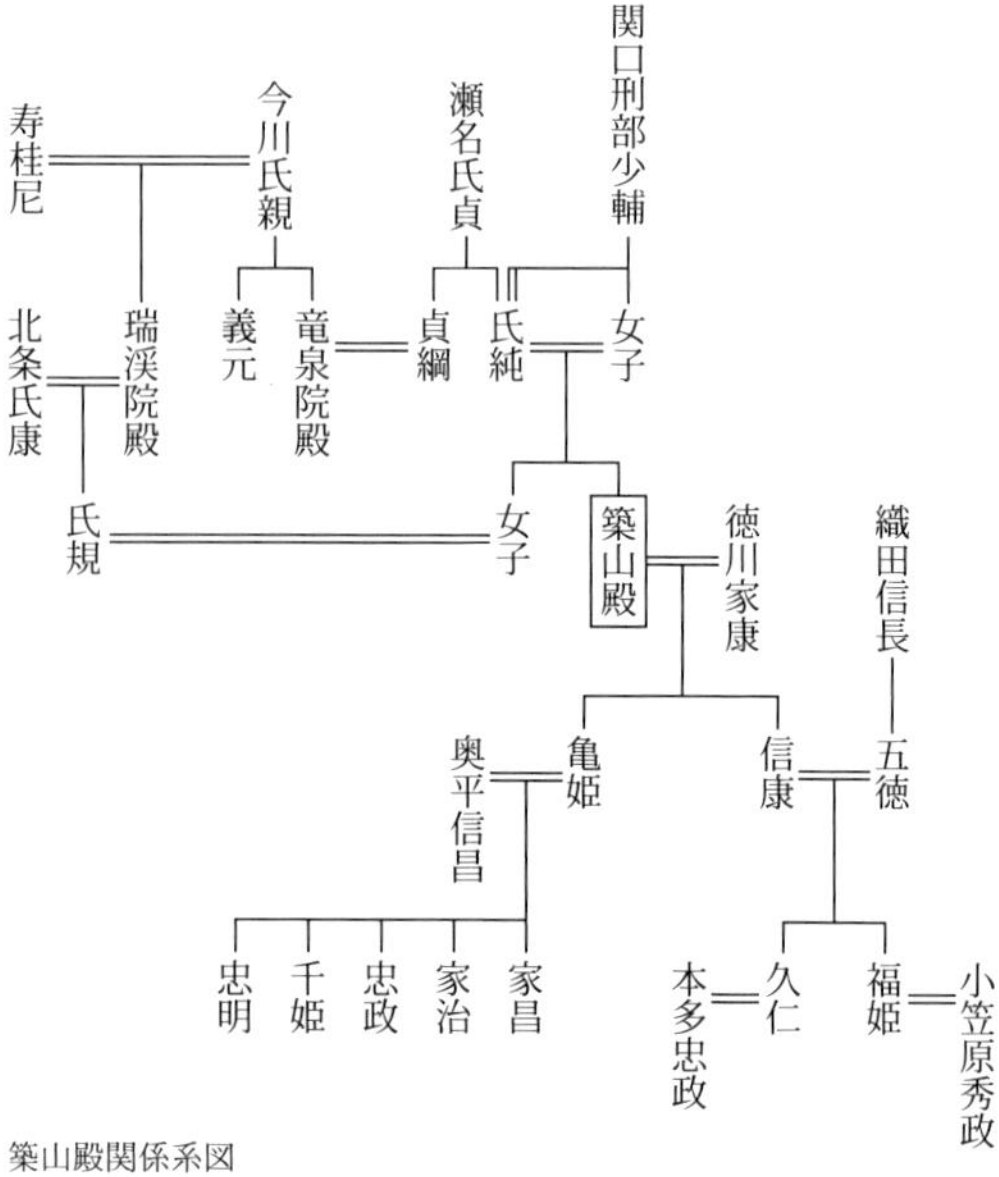
関口刑部少輔
瀬名氏貞
今川氏親
寿桂尼
女子
氏純
貞綱
竜泉院殿
義元
瑞渓院殿
北条氏康
女子
築山殿
氏規
徳川家康
織田信長
亀姫
奥平信昌
信康
五徳
家昌
家治
忠政
千姫
忠明
久仁
本多忠政
福姫
小笠原秀政

築山殿関係系図

はじめに

築山殿《つきやまどの》とは、徳川家康の最初の妻、しかも正妻であった人物である。さらに、家康の長男で最初の嫡男であった信康《のぶやす》の母であった。家康や戦国史に少し詳しい人であれば、その存在を承知しているであろうが、一般の人にはあまり馴染みのない人であろう。NHK大河ドラマでも、一九八三年の「徳川家康」で池上季実子さんが、二〇一七年の「おんな城主 直虎」で菜々緒さんが演じられているが、登場は二回にすぎなかった。しかし今回、二〇二三年大河ドラマ「どうする家康」で、有村架純さんが演じられることで話題を呼んでおり、認知度はあがってきていることであろう。

本書は、その築山殿の生涯を解き明かしていこうとするものである。もっとも築山殿に関する当時の史料はわずか一つだけで、その動向を伝えるものは、江戸時代に成立した史料がほとんどになる。江戸時代がすすむにつれて、その動向は様々に伝えられるようになり、また解釈されていくようになっている。そのため現在において、その実像をとらえることはなかなか難しい状況になっている。そこで本書では、江戸時代の成立ではあるができるだけ内容の信頼性が高い史料をもとに、その実像を明らかにしていくという方法をとっていく。いってみれば、江戸時代がすすむにつれて付いていった尾ヒレをそぎ落とし、生に近い情報だけをくみ取ろうというものである。

築山殿の生涯における最大の謎は、築山殿が家康に殺害された、とされていることであろう。嫡男信康もまた同時に家康に殺害されたものであった。そのためそれは「築山殿事件」「築山殿・信康事件」あるいは「信康事件」などとも呼ばれている（本文では「信康「逆心」事件」と表記した）。経緯については、ある程度は把握することができているが、真相を伝える史料は存在していない。そのため事件の真相をめぐって、先行研究において様々な解釈が出されている。その解釈は、詰まるところ、家康と築山殿・信康をめぐる政治環境をどのように理解するかによっている。

本書でももちろん、事件の真相に迫っていく。その際にとる手段は、信頼性の高い史料にもとづいて事件の輪郭を描き出すこと、そして築山殿の立場を、家康の正妻、徳川家の「家」妻という観点からしっかりと評価すること、である。とりわけ後者の、正妻あるいは「家」妻という観点からの把握は、これまでの築山殿についての研究ではみられていなかったものになる。しかし戦国大名家は、当主たる家長と、正妻たる「家」妻との共同運営体とみなされる。そこでは正妻あるいは「家」妻が管轄する領域があり、その部分に関しては、当主あるいは家長であっても独断で処理できず、正妻あるいは「家」妻の了解のもとにすすめられたと考えられる。

私はここ数年、戦国大名家の正妻あるいは「家」妻の役割を把握するこころみを重ねている。この分野は、これまで意識的に取り組まれてきていないものになり、追究を重ねていくにつれて新たな発見が生まれている。しかし家父長制社会のなかでは、表面的な社会主体は男性に置かれていたため、妻に関する史料は少ない。それゆえに妻に関する一つ一つの情報が大事になっている。そうしてこれまで、駿河今川・相模北条・甲斐武田について追究を重ねてきた（拙著『今川のおんな家長 寿桂尼』・『北条氏康の妻 瑞渓院』・『武田信玄の妻、三条殿』）。本書はいってみれば、その徳川家版ということになる。

ちなみに戦国大名家の妻妾については、「正室」「側室」の用語が使用されることが多いが、「側室」は江戸時代に展開された一夫一妻制のもと、妾のうち事実妻にあたるものについての呼称として生まれたものになる。戦国時代はまだそのような状況にはなく、一夫多妻多妾制であった。そのため本書では、正妻・別妻・妾の用語を使用していく。また男性家長と対をなし、家組織の運営にあたる妻について、「家」妻という用語を使用する。それら用語の詳しい内容については、拙著『戦国「おんな家長」の群像』（笠間書院）を参照してほしい。

築山殿の動向、そして殺害事件は、家康の正妻、徳川家の「家」妻という観点からみていくと、どのように理解することができるか。それこそが本書の眼目になる。そのような観点に立ってみると、次男秀康が家康の子として認知されなかったこと、殺害事件の直前まで家康の子どもの誕生がかなり限られていること、事件の淵源となる長篠・設楽原《しだらがはら》合戦直前の「大岡弥四郎《おおおかやしろう》事件」への関与、そして事件における築山殿の生害（自害）の理由などについて、これまでの解釈とは異なる、新たな理解が生まれてくることになる。

何事も、視点が転換すると、違う様相がみえてくる。それではこれから、新たな視点をもとに、築山殿の生涯をたどっていくことにしたい。


なお本文中において、以下の史料集については、略号で示した。

『戦国遺文今川氏編』所収史料番号　戦今〜

『愛知県史資料編10』所収史料番号　愛10〜

『愛知県史資料編11』所収史料番号　愛11〜

第一章　築山殿の系譜と結婚

「築山殿」の呼び名

まずは「築山殿」という呼称の由来から確認することにしたい。築山殿が、当時の史料にみえているのは、わずか一つだけにすぎない。それは徳川家康（一五四二〜一六一六）の家臣・深溝松平家忠《ふこうずまつだいらいえただ》（一五五五〜一六〇〇）の日記『家忠日記』天正《てんしょう》六年（一五七八）二月四日条（旧暦、以下同じ）におけるもので、「信康御母さま」とみえている（増補続史料大成本刊本・八頁）。築山殿についての当時の史料は、わずかこれだけなのである。「信康」とは、後でも述べるように、家康と築山殿とのあいだに生まれた長男にして嫡男、松平信康（一五五九〜七九）のことである。その当時、家康は遠江《とおとうみ》浜松城（浜松市）を本拠にしていて、信康は三河岡崎城（岡崎市）を本拠にしていた。そして築山殿は、岡崎に居住していて、家康とは別居の状態にあった。そのためそこでは、築山殿についての表現として、信康の母となっているのである。

築山殿の実名《じつみょう》は不明である。よくドラマや小説などでは、「瀬名」の名があてられることが多い。それについて根拠はあるのだろうか。当時の史料はもちろん、江戸時代前期に成立した史料にはみられていない。しかし江戸時代中期には存在していた。元文《げんぶん》五年（一七四〇）成立の『武徳編年集成』巻三に、「関口或いは瀬名とも称す」と記されており、これが早いところと思われる（名著出版影印刊本上巻・三九頁）。この呼び名は、これから述べる父の家名に基づいたものとみなされる。その呼称が実際にあったのかどうかはなんともいえないが、しかしそれは実名ではなく、単なる通称にすぎないものになる。ちなみにのちに述べるように、築山殿の父は関口家であり、瀬名家はその同族にあたっているから、父の家名に基づく通称であれば、「関口」であるべきとなる。したがって残念ながら、「瀬名」という可能性はほぼ想定できない。

築山殿肖像（西来院蔵）

　では「築山殿」という呼称についてはどうであろうか。これについても、当時の史料で確認することはできない。それではその呼称は、後世に生み出されたものかというと、どうもそうでもないらしい。江戸時代前期に成立していて、かつ内容的にも信頼性の高い、複数の史料でその呼称が伝えられているからである。もっとも早い時期のものとみなされるのは、『寛永諸家系図伝』所収「瀬名系図」

で、瀬名「氏俊《うじとし》」（正しくは貞綱《さだつな》）の弟に関口「義広《よしひろ》」（正しくは氏純《うじすみ》）があげられていて、その娘について、「岡崎三郎信康生母、築山殿と号す」と記されている（続群書類従完成会刊本二巻・二四頁）。同史料は江戸幕府によって寛永《かんえい》二〇年（一六四三）に編纂されたものである。これが現在のところ、築山殿について、その呼称を記すもっとも早いものになる。

次にあげられるのが、松井松平家の家老・石川昌隆《まさたか》（法名正西《しょうさい》、一五七四～一六六五）が万治《まんじ》三年（一六六〇）にまとめた『石川正西聞見集』（埼玉県史料集第一巻）である。そこに、

> 岡崎御城御一所には御座候わで、つき山という所に御座あるによりて、つき山殿とみな人申し奉り候、（読み下し・新仮名遣いに改めた。以下、同じ）

と記されている。家康が岡崎城を本拠にしていた時期においてすでに、同居せず、「つき山」という場所に居住していたため、「築山殿」と称されたことが記されている。著者の石川昌隆は、築山殿の生存時にはまだ幼少であったから、これは本人の見聞によるものではない。しかし周囲の人々からそのことを伝え聞いたものとみなされ、その信頼性は高いとみてよかろう。

もう一つあげておきたいのは、家康に関する軍記史料のなかで、もっとも信頼性が高いと評価されている「松平記」(『愛知県史資料編14』所収)である。成立年代は判明していないものの、元禄《げんろく》元年(一六八八)には成立していたことがわかっている。そこには、

彼の御娘家康の御前は三河へ御座候て、つき山と申す所に御座候、是をつき山殿と申し奉るなり、(同書・一〇五頁)

御台(築山殿)三河へ御座候て後は、つき山殿と申す所に置き申されて、内々御中不和に成り玉う、(同書・一五〇頁)

と記されている。ここでも岡崎城とは別所にあたる、「つき山」という場所に居住していたため、「築山殿」と称されたことが記されている。

これらのことから、築山殿は、岡崎で「築山」という場所に居住したために、「築山殿」と称されたことがわかる。その具体的な場所について記しているものに、「岡崎東泉記(三河東泉記)」という史料がある。そこには、

家康様御前月山（築山）様は菅生のつき山に御屋敷あり、信康公御屋敷（岡崎城）城外北東に当たりて有り、今の久右衛門町也、（柴裕之編『徳川家康』二二八頁）

と記されている。同史料の基本部分は元禄年間（一六八八〜一七〇四）頃には成立していたとみなされていて、これまで取り上げてきた史料に劣らず、内容の信頼性は高いとみることができる。岡崎の地元で成立した記録で、その分、岡崎に関する具体的な内容については、基本的に信用することができるようである。これによれば、「築山」は、岡崎城の北東約一キロほどに位置する、現在の岡崎市久右衛門町にあたることがわかる。このことから築山殿は、同地に独立した屋敷を構え、居住したとみることができる。

ただし屋敷地の所在地については、別の所伝もある。江戸時代後期の天保《てんぽう》七年（一八三六）成立の『参河志《みかわ》』巻二二に、「其の地は惣持尼寺の西隣り、今は城内と成りて連尺口の入口、殿町の左の中の馬場の濠に、昔は此の辺り築山と称せしなり、田中兵部少輔《ひょうぶのしょう》（吉政《よしまさ》）の時郭内となる」と記されている（愛知県幡豆《はず》郡教育会刊本・一〇〇七頁）。これによれば、屋敷地は現在の西岸寺にあたることになる。

また関口正八氏ほか『築山御前考　徳川家康正室』が引用する、「牧信友《まきのぶとも》記」によれば、「上の馬場南の裏通り東へ寄り、本唐沢と申す所の南、今西岸寺より西、今三好儀兵衛屋敷までの由、此の所に御座成され候故、築山殿と申し候由、東曲輪《くるわ》へ御移りは後のことなり」とあり、西岸寺の西にあたったとし、その後に城内東曲輪内に移ったと伝えている。また同書が引用する、「旧幕臣の松平家の記録」によれば、「城の東方にあたる」「今の電話局の場所」と、「城の北方に面した」「元の岡崎郵便局と隣地は裁判所の場所」の二ヵ所を伝えている。前者は、西岸寺の西にあたり、後者は三の丸内にあたる（東曲輪の北）。ともに「牧信友記」の所伝に対応するとみなされ、幕末段階では、そのように所伝されていたことが知られる。現在の場所でいえば、前者は西岸寺もしくはその西、後者は岡崎タワーレジデンスにあたる。

これらによれば築山殿の屋敷地の所在地については、移転の伝承を含めて三ヵ所があることになる。しかし所伝はいずれも、後世におけるものなので、ただちに事実を導き出すことは難しい。ここでは史料の成立時期をもとに、「岡崎東泉記」の記載が、もっとも信用できるとみておきたい。幕末期の所伝に何らかの根拠があったのかどうかはわからないが、それについてはあくまでも参考として紹介しておくものとする。

築山殿の父は誰か

続いて築山殿の父について確認することにしたい。というのは、父の名については、江戸時代から複数の所伝がみられていて、現在においてもその混乱が継承されているからである。家康の家族についての古典的研究書となる中村孝也氏の『家康の族葉』では、「幕府祚胤《そいん》伝」の記載をもとに、次の四説が紹介されている。

①関口刑部少輔《ぎょうぶのしょう》義広（「武徳大成記」）
②関口刑部少輔氏広《うじひろ》（「瀬名家譜」）
③関口刑部少輔親永《ちかなが》（「源流綜貫《そうかん》」）
④関口刑部少輔氏縁《うじより》（「御外戚伝」）

これらでは、父の通称が「関口刑部少輔」であったことは共通しているものの、実名については、「義広」「氏広」「親永」「氏縁」と様々になっている。しかし実際には、実名は氏純といった。このことについてはのちに取り上げるが、正しい実名は、江戸時代には全く伝承されなかった。ちなみに私自身、当初は「氏広」を採用し、氏純をその前代と考えていたが（拙著『北条氏康の妻 瑞渓院』）、その後の検討により、氏純とみなすようになっている（拙稿「今川氏親の新研究」拙編『今川氏親』所収）。

さて四つの実名のうち、「氏縁」のみ、当時の史料にみえている。しかしその通称は実際には「関口刑部大輔《ぎょうぶのたいふ》」であり、刑部少輔ではない。刑部少輔と刑部大輔は、ともに駿河今川家の御一家衆（一門）に位置していて、関口家には、刑部少輔家と刑部大輔家の二つの家系が存在していた。「氏縁」があてられているのは、両関口家を混同したことによると思われる。それ以外の三つの実名は、当時の史料では確認されず、いずれも江戸時代になって生まれた所伝になる。そのうちもっとも早い時期に確認されるのは「義広」で、『寛永諸家系図伝』所収「瀬名系図」にその名が記されている。そこで「義広」は、同じく今川家御一家衆の瀬名貞綱（一五二〇〜没年不詳、同史料の表記は「氏俊」）の弟として記されている。

次の「氏広」については、成立時期は判明していないが、今川家の軍記史料である「今川家譜」や「今川記」所収「今川系図」に、今川氏親《うじちか》（一四七三〜一五二六）の娘として「関口刑部大輔氏広」妻があげられていて、前者では「此の息女を後に築山殿と申す」と、築山殿との関係についても記されている（『続群書類従第二十一輯上』一五七・二二一頁）。ただしそこでは、通称は「刑部大輔」になっている。刑部少輔と刑部大輔の混同は、ここから生じたのかもしれない。またこの所伝で注目されるのは、今川氏親の娘婿、すなわち今川義元（一五一九〜六〇）の姉妹婿とされていることである。ここから築山殿が、今川義元の姪という所伝がみられるようになる。ただしこの所伝も事実ではない。実際には兄の瀬名貞綱が、義元の姉婿であった（『北条氏康の妻　瑞渓院』）。築山殿の父が義元の妹婿とされたのは、この兄の婚姻関係が忘れられてしまい、それと混同されたことで生まれたものと考えられる。

ところが築山殿が、今川義元の姪にあたるというこの所伝は、江戸幕府の公式記録に継承されてしまう。「徳川幕府家譜」において、築山殿の項に、「今川義元妹聟、瀬名の住関口刑部少輔親長女」と記されるようになっている（『徳川諸家系譜第一』三二頁）。しかもここでは、父の実名は「親長（親永）」と記されている。「親永」という実名の所伝は、すでに『武徳編年集成』（前掲刊本上巻・三九頁）にみえているから、江戸時代中期には生まれていた所伝であることがわかるものの、実名についての複数の所伝のなかでは、もっとも遅い時期に生まれたものとみなされる。しかし江戸幕府の公式記録に記載されたことで、その後において、つい最近の時期まで通説的な位置を占めるようになっていた。

では江戸時代に成立したもののなかで、内容の信頼性が高いとみなされる史料には、築山殿の父の系譜や今川義元との血縁関係については、どのように記載されているであろうか。これについて確認してみよう。

もっとも成立時期が早いのは、徳川家康の家臣・大久保彦左衛門忠教《ただたか》（一五六〇～一六三九）が元和《げんな》八年（一六二二）にまとめた『三河物語』（『原本三河物語研究・釈文篇』）であろう。築山殿の嫡男信康について、「関口刑部之少殿の御孫」と記していて、築山殿は「関口刑部少輔」の娘であることが記されている。ただし実名や今川義元との血縁関係の在り方については触れられていない。

次いで、先にも触れた『寛永諸家系図伝』では、父は瀬名「氏俊」の弟にあたる関口刑部少輔「義広」とされていた。ここには父の系譜が記されている。これについては、今川家の系図史料としてもっとも信頼性が高い「土佐国蠧《と》簡《かん》集残編」所収「今川系図」（拙編『今川義元とその時代』所収）に、瀬名貞綱の弟として「関口刑部少輔」があげられており、確かな事実と認められる。ただしそれらでも今川義元との血縁関係については記載されていない。

同じく寛永年間（一六二四～四四）頃に成立したと推定されていて、築山殿の孫にあたる奥平《おくだいら》松平忠明《ただあき》（一五八三～一六四四、奥平信昌《のぶまさ》の四男）の編纂と伝えられている「当代記」（『史籍雑纂第二』所収）でも、「義元之一族関口刑部少輔」と記されているだけで（同書・五頁）、ここでも義元との血縁関係については触れられていない。また『石川正西聞見集』では、「今川殿宿老関口の息女」とのみあるにすぎず、その通称についても、今川義元との関係についても触れられていない。

そうしたところ「松平記」になると、「義元の御妹聟に関口刑部少輔殿と申して、今川御一家御座候、其の聟に元信《もとのぶ》（家康の初名）仰せ付けられ、義元の姪聟に御成し成され候」と記されるようになっている（前掲刊本・九八頁）。ここにいたって、築山殿の父は義元の妹婿で、築山殿は義元の姪という所伝が確立されたことがわかる。江戸幕府の公式見解も、これを継承したものとみることができる。「松平記」については、江戸時代でも比較的早い時期の成立と推測されているようであるが、この築山殿の系譜についての記述から考えると、寛永年間より下る可能性が高いように思う。

しかしながら今みてきたように、それより成立時期の早い史料では、築山殿の父「関口刑部少輔」が今川義元の妹婿であったとは記されておらず、「義元の一族」「今川殿宿老」とあるにすぎなかった。したがって「関口刑部少輔」と義元とのあいだに具体的な姻戚関係はなかったと考えるのが妥当であり、そのことは先に少し触れたように、実際にもそうであった。義元の姉妹は四人が存在したにすぎず、関口刑部少輔の妻になりうるものは存在していなかった（『北条氏康の妻　瑞渓院』）。この所伝が、「今川家譜」を含めてどのような経緯で成立したのかは判明しないが、江戸時代前期の遅い時期になって生まれたものであったことは確かであろう。

ちなみに江戸時代後期になると、さらに別の所伝がみられるようになっている。『寛政重修諸家譜』の彦根藩主井伊家の系譜（巻七六〇）では、井伊直平《なおひら》の娘が義元の養妹となり、関口「刑部大輔親永」の妻となったことが記されている。ところが同じ井伊家の系譜でも、それよりはるか以前の成立である『寛永諸家系図伝』（刊本七巻）にそのことは記されていないから、その所伝は当初にはなく、寛永年間以降に成立したことがわかる。ちなみにこの所伝は、二〇一七年NHK大河ドラマ「おんな城主 直虎」で採用されたこともあり、一般にも普及したものになっている。しかしこれは、以上のことから事実ではない。

そもそも井伊家の系譜については、『寛永諸家系図伝』にみえているもの自体、当時の史料で確認される井伊家歴代の所見状況に合致していない。井伊直平は、今川氏親と同世代かそれより少し上の世代にあたる。今川義元は氏親の子であるが、出生が遅いため世代的には孫世代にあたっているので、直平の娘が今川義元の養妹になるというのは、世代が合わない。しかも井伊家の所伝では、関口「刑部大輔」とされていて、同じ関口家でも別家の刑部大輔家と取り違えている。実は、関口刑部大輔家は井伊家と関係が深く、関口氏《うじ》経《つね》（氏縁の子か）の子が、井伊家の養子となって家督を継いだ直虎であった（拙著『井伊直虎の真実』）。井伊家における右の所伝は、そうした関口刑部大輔家との関係をもとに成立したものであろう。

以上にみてきたように、築山殿の父については、当時の史料では確認できない。しかし江戸時代の成立ながらも、信頼性の高い史料からは、今川家の御一家衆・関口刑部少輔であり、同じく今川家御一家衆・瀬名貞綱の弟であったことがわかる。その瀬名貞綱が今川義元の姉婿であった。江戸時代の所伝では、関口刑部少輔が義元の「妹婿」というのがみられたが、それはこの兄の婚姻関係との混同とみなされる。したがって築山殿と今川義元とのあいだには、直接の血縁関係はなく、義元の姉婿の姪、という関係であった。

二つの関口家

今川家の御一家衆としての関口家には、刑部少輔家と刑部大輔家という二つの家系が存在していた。江戸時代になると両家は混同され、そのため築山殿の父についても、関口刑部少輔と同刑部大輔の二通りの所伝がみられることになる。そしてその混乱した状況は、現在まで続いているといってよい。そこでこの二つの関口家の概要について、整理しておくことにしよう（清水敏之「駿河今川氏の「天下一名字」は史実か」大石泰史編『今川氏研究の最前線』所収・拙稿「今川氏親の新研究」）。

今川氏一族の関口氏は、鎌倉時代末期の今川国氏《くにうじ》の子経国《つねくに》にはじまる今川氏の庶流で、室町時代には、幕府奉公衆となって源三郎・刑部大輔・越後守《えちごのかみ》を歴代の通称にしていた。経国ののちは、顕氏《あきうじ》—兼氏《かねうじ》—満幸《みつゆき》—満興《みつおき》—教兼《のりかね》—政興《まさおき》と続き、教兼が応仁の乱（一四六七〜七七）頃の当主、政興が長享《ちょうきょう》年間（一四八七〜八九）から明応《めいおう》年間（一四九二〜一五〇一）頃の当主になる。

戦国大名今川家の御一家衆としてみえる関口氏は、刑部少輔家が先で、氏親の時の永《えい》

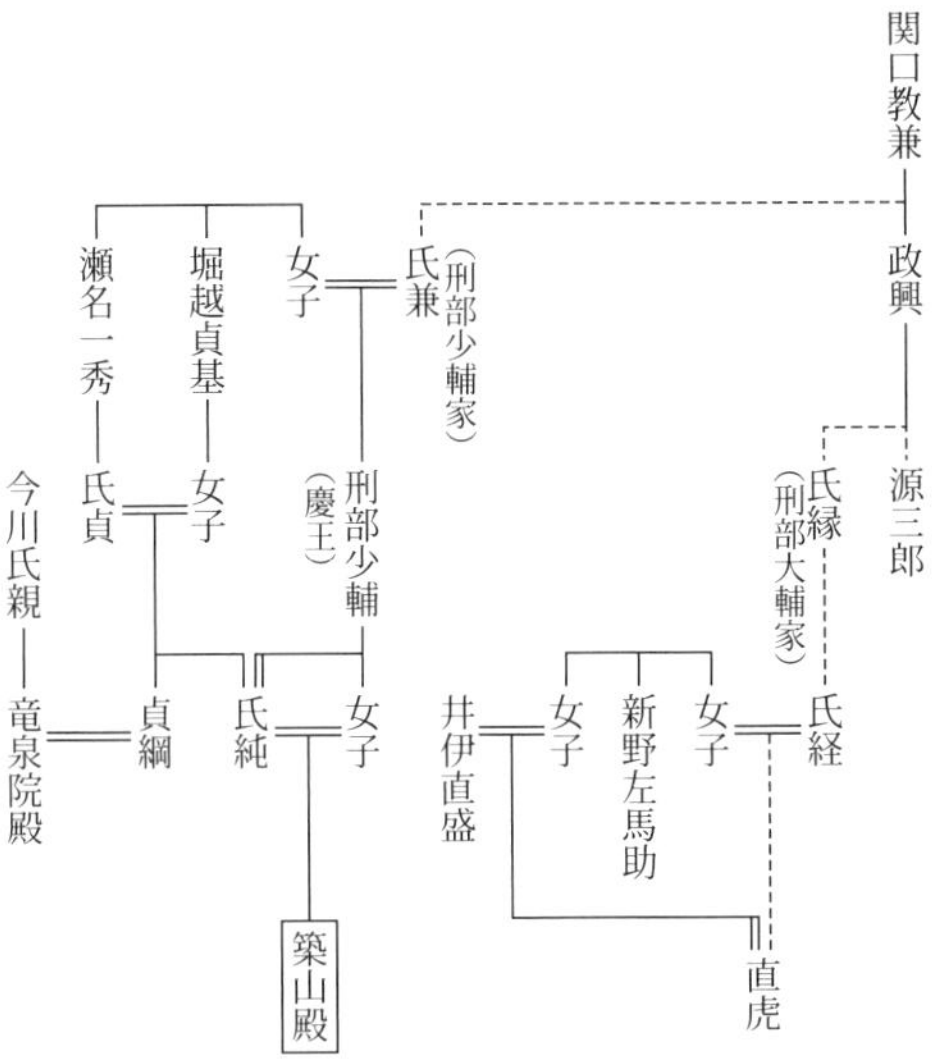

両関口家系図

正《しょう》一〇年（一五一三）の時点で、刑部少輔氏兼《うじかね》が存在している。この氏兼は、教兼の庶子、政興の弟にあたると推定される。その時点での、関口氏兼の今川家御一家衆のなかでの序列は、第四位であった。第一位は駿河今川氏の庶流・小鹿《おしか》今川家、第二位は遠江今川氏の庶流・瀬名家、第三位は氏親叔父の伊勢宗瑞《そうずい》の三男で駿河駿東《すんとう》郡（駿河東部）の国衆・葛山《かずらやま》家当主の葛山氏広であり、関口氏兼はそれらに続く家格を与えられていた。

氏兼が官途名《かんとめい》（朝廷の中央官職に因む通称）刑部少輔を称しているのは、嫡流家の官途名・刑部大輔に因むもので、その庶子であることによると思われる。氏兼には永正一〇年の時点で、嫡男として慶王《けいおう》があった。慶王は幼名《ようみよう》（元服前の通称）であり、そのため明応八年以降の生まれと推測できる。それが成人し家督を継いで「刑部」を称したとみなされる。しかし天文《てんぶん》五年（一五三六）以前に、娘だけを遺して死去したと推定される。

そしてその婿養子に入ったのが、瀬名貞綱の弟・氏純であった。氏純はその天文五年には家督を継承していた。氏純の生年は不明だが、兄貞綱は永正一七年（一五二〇）生まれなので、それより二、三年後の生まれであったろう。関口刑部少輔家の当主としてみえるようになる天文五年は、一四、五歳（数え年、以下同じ）のことになるから、ちょうど元服時期にあたっている。そして弘治《こうじ》二年（一五五六）からは歴代の官途名・刑部少輔を称している。いうまでもなくこれが築山殿の父であった。

他方の刑部大輔家が、今川家御一家衆として確認できるようになるのは、享禄《きようろく》四年（一五三一）からで、その年から刑部大輔氏縁がみられている。それに先立つ永正一〇年に、当時に存在していた今川氏一族として、「関口彦三郎」が確認されている。すでに元服しているので、およそ明応年間前半までの生まれと推定される。その仮名《けみよう》（元服後に称す通称）は、関口氏嫡流歴代の「源三郎」に通じるので、彦三郎は関口氏嫡流の庶子にあたる存在で、おそらく政興の庶子にあたったと思われる。政興の嫡男はおそらく「源三郎」を称したであろうから、その時にはすでに死去するなどしていたのであろう。そしてその彦三郎が、享禄四年までのあいだに、叔父の氏兼を頼るなどによって今川氏親に仕えて、御一家衆に位置付けられたとみなされ、それがすなわち氏縁であったと考えられる。

氏縁の子と推定されるのが、氏経である。氏経は、弘治三年（一五五七）に官途名刑部大輔でみえ、永禄《えいろく》六年（一五六三）から、関口氏嫡流の歴代官途である受領名《ずりようめい》（朝廷の地方官職に因む通称）越後守を称している。氏経の妻は、今川家御一家衆の一つである新野《にいの》左馬助《さまのすけ》の姉妹で、そのあいだに生まれたのが、のちに遠江井伊谷《いいのや》領の国衆・井伊家を養子継承する直虎と推定される。ちなみにこの直虎は、元服時期から推測すると、天文二三年（一五五四）頃の生まれと推定される（『井伊直虎の真実』）。

このように戦国大名今川家の御一家衆としての関口氏には、刑部少輔家と刑部大輔家の二家があった。刑部少輔家は、関口氏のなかでは庶子の系統であったが、こちらが早く今川家に仕えて、御一家衆として成立していた。教兼の庶子の氏兼にはじまると推測され、その子刑部（慶王）、その婿養子氏純と継承された。他方の刑部大輔家は、関口氏の嫡流・政興の子孫にあたり、その庶子と推測される氏縁が、叔父氏兼を頼るなどして今川家に仕えて、御一家衆とされた。そしてその子氏経に継承され、その氏経の時に永禄一二年の今川家滅亡を迎えたとみなされる。

父は関口氏純

　ここまで築山殿の父について、検討をおこなってきた。それは築山殿の父について、これまで十分に明確にされていなかったからであった。築山殿の父は、今川家御一家衆の関口刑部少輔氏純であった。ここであらためてその動向の概略をまとめておくことにしたい。

　関口氏純は、今川家御一家衆第二位の瀬名氏貞《うじさだ》（一四九七～一五三八）の次男で、貞綱の弟にあたる。生年は判明していないが、兄貞綱が永正一七年（一五二〇）生まれなので、その二、三年後、すなわち大永《だいえい》二、三年（一五二二、二三）頃の生まれと推測できるだろう。天文五年（一五三六）閏一〇月一七日付で京都の公家・冷泉《れいぜい》家に書状を出しているのが史料上での初見になる（戦今五六四）。氏純が早くから、今川家の外交に携わっていたことがわかる。この時、氏純は一四、五歳になるから、この頃に元服し、関口刑部少輔（氏兼の子、幼名慶王）の遺女の婿養子となり、その家督を継いだと推定される。なおその妻とみなされる女性が、同一三年八月に「関口御新造《ごしんぞう》」とみえている（戦今七四四）。すなわち築山殿の母にあたろう。

「土佐国蠧簡集残編」所収「今川系図」には、氏純について、「助《すけ》五郎〈刑部少輔、関口を号す〉」と記されており、元服後は仮名助五郎を称したことがわかる。ちなみにこれが、同家の仮名として確認できる唯一の事例になる。関口氏嫡流の仮名は源三郎であったから、この仮名はその庶子としてのものではない。「助五郎」という仮名は、「五郎」の派生形である。その仮名五郎は今川本宗家のものであり、それに因んだものととらえられる。今川家御一家衆では、小鹿今川家が「新五郎」「孫五郎」、瀬名家が「源五郎」を仮名にしていた。いずれも五郎の派生形になっている。このことをみれば、「助五郎」の仮名も、今川本宗家の仮名に依拠したものであったことがわかるであろう。

次いで天文二二年四月に、軍事指揮下にあった寄子《よりこ》と推定される鈴木重勝《しげかつ》の訴訟を今川義元に取り次いでいたことが知られる（戦今一一四三）。そして弘治二年（一五五六）からは、官途名刑部少輔を称していることが確認される（「言継《ときつぐ》卿記」『静岡県史資料編7』二四二五号など）。そこでは今川義元の嫡男氏真《うじざね》（一五三八〜一六一四）邸に、今川家の本拠・駿府《すんぷ》（静岡市）滞在の公家・山科《やましな》言継が招かれた際に、同席したり、義元養母の寿桂尼《じゅけいに》（今川氏親後室、一四八六頃〜一五六八）の屋敷で催された宴席に、義元に従って出席するなどしている。

「言継卿記」には、これらも含めて、七ヵ所の記事にみえている。そのなかで興味深いのは、弘治三年正月五日条（同書二四七九号）で、新当主となった氏真邸に山科言継が訪問した際に、関口氏経（刑部大輔）とともに同席しているが、それについて「関口刑部大輔・同刑部少輔」という具合に、氏経が上位に位置したらしいことである。当初、関口刑部少輔家の今川家御一家衆での序列は、第四位であったが、その時には刑部大輔家は成立していなかった。この記述をみると、刑部大輔家が成立すると、その順位は刑部少輔家より上位に位置付けられたことがうかがわれる。

その後では、弘治三年四月に、和泉国堺の津田宗達《つだそうたつ》の茶会に、「するかの国関口刑部将（少）」としてみえて、それに参加していたことが知られる（戦今参考二八）。そうするところの時、氏純は堺を訪れていたことがわかる。次いで永禄二年（一五五九）五月一六日付の松平元康《もとやす》（徳川家康）の定書《さだめがき》のなかに、「関刑」と、氏純の名がみえている（戦今一四五五）。これは元康が家臣団に対して公布したものである。すでにその時点では、築山殿は元康と結婚していて、そのため氏純は元康に対して岳父の立場にあった。そこでは、家臣団が一同して元康に意見をしても、元康が聞き入れない場合には、関口氏純と今川家家老の朝比奈《あさひ》親徳《なちかのり》（「朝丹」）に訴訟するよう定めている。氏純と朝比奈親徳から意見されれば、元康も聞き入れざるをえなかったことがわかる。

また同年八月には、今川義元が伊勢大神宮の外宮に出した書状について、氏純が副状《そえじょう》（主人の出す文書に副えて出す書状）を出している（戦今一四七三）。そしてこれに関わって、同三年三月二〇日付で、氏純は外宮に書状を出している（戦今一五〇四）。これは伊勢大神宮から義元に対し、御萱米《おかやまい》の寄付を要請してきたことについて、返答しているものになる。これによって氏純が、今川家の外交関係において重要な役割を担っていたことがわかる。ちなみに前者で副状発給者として「関口刑部少輔」があげられていて、後者で氏純が書状を出していることで、氏純の通称が「関口刑部少輔」であったことが明らかになる。

そして同六年閏一二月二六日付で、義元の菩提寺である天沢寺《てんたくじ》に宛てて、判物《はんもつ》（花押《かおう》を据えて出した公文書）を出している（『臨済寺文書調査報告書（本文編）』三八頁）。この文書は最近になって確認されたもので、極めて重要な内容が含まれている。署名は、「関口伊《い》豆守《ずのかみ》氏純」とあり、氏純がこの時に、受領名伊豆守を称していたことが知られる。氏純は永禄二年八月までは官途名刑部少輔を称していたから、伊豆守への改称は、その間のことであったことがわかる。

またこの文書では、前年の永禄五年五月に、所領の駿河岩淵（富士市）のうち森・大畠両村を、今川氏真に返上し、氏真によって天沢寺に寄進されたことがみえている。しかしながら夏成銭《なつなりせん》という課役の取得権が氏純に残っていたため、両村百姓から異議が出されたことをうけて、森村の夏成銭徴収権を天沢寺に売却し、大畠村の夏成銭徴収権に関しては「あい間窪」という地を替地として引き渡すことを取り決めている。このなかでとくに注目されるのは、永禄五年五月に、所領の一部を今川家に返上していることであるが、このことの意味については後述する。

これにより「関口伊豆守」が氏純のことであることがわかった。その名については、その後も永禄九年まで所見が確認される。まず同七年五月に、今川家が天沢寺に与えた朱印状（朱印を捺して出した公文書）で、先の氏純判物の内容である、「関口伊豆守」が知行している森・大畠両村夏成銭とあい間窪が天沢寺に寄進されたことについて、保証している（戦今一九八四）。さらに同九年九月に、今川氏真が天沢寺に対し、寺領・塔頭《たっちゅう》領・末寺領を保証した判物に、岩淵郷の「関口伊豆守」知行内の分があげられている（戦今二一〇四）。

そしてこれが、当時の史料で氏純の動向を伝える最後になっている。これにより氏純は、永禄九年九月までの存在を確認できる。とはいえその後の動向については不明であり、死去年についても判明しない。なお氏純については、「松平記」では、娘婿の元康の政治動向にともなって、永禄五年頃に今川氏真により切腹させられたことが記されているが、それは事実ではなかったことがわかる。このことについても後述する。

関口氏純の動向を示す史料は、以上が知られるにすぎず、その動向を必ずしも十分に把握できる状況にはない。しかしそれでも、氏純が今川家御一家衆の一人として、京都の公家や伊勢大神宮との外交に携わっていたこと、あるいは公家・山科言継への駿府での接待に携わっていたことが知られた。これは御一家衆という今川家臣団の最高位に位置したことによる役割と認識できる。そして松平元康の岳父として、元康にも政治的影響力をもっていたことがうかがわれた。これは今川家による国衆統制における役割と認識できる。この元康との関係についても、のちにあらためて取り上げることにしたい。

築山殿のきょうだい

ここまで述べてきたことから、築山殿が、今川家御一家衆の関口氏純の娘であることがわかった。では築山殿は、何年の生まれであったのか。実はこのことについては判明しない。それを伝える史料が全くないからである。しかし生年不明としたままでは、築山殿の生涯を認識するうえではひどく都合が悪い。そこでここでは、築山殿の生年について、およそのところを推測してみることにしたい。その際に、考察の材料になるのが、親の年齢、きょうだいの動向、結婚の時期、そして子どもの出産時期などになる。

まず父氏純の年齢であるが、これについても正確なところは判明しない。ただし先にも触れたように、兄貞綱よりも二、三歳年少とすれば、およそ大永二、三年（一五二二、二三）頃の生まれで、天文五年（一五三六）に一四、五歳くらいで元服し、関口刑部少輔（慶王）の娘と結婚したことが想定された。したがって子どもの出生は、その翌年以後のことになることが想定されよう。また伯父となる瀬名貞綱には、同一三年に嫡男虎王丸《とらおう》（氏《うじ》詮《あき》・信輝《のぶてる》）が生まれている。貞綱が二五歳の時の生まれである。これを参考にすると、氏純の子どもは、同一五、六年以降の生まれということも考えられる。

次にきょうだいについては、最近、築山殿には妹がいたことが推測されるようになっている。それは北条氏規《うじのり》の妻と推定される（『北条氏康の妻 瑞渓院』）。北条氏規は、戦国大名小田原北条家の三代当主・氏康《うじやす》の四男で、母は、今川氏親の三女・瑞渓院殿《ずいけいいんでん》である。天文一四年の生まれで、同二一年頃に、今川家・北条家と甲斐武田家による駿甲相《すんこうそう》三国同盟の締結にともなって、今川家の「家」妻の立場にあり、瑞渓院殿の母、すなわち氏規には外祖母にあたる寿桂尼に預けられるかたちをとって、駿府に滞在するようになったとみなされている。八歳くらいのことであった。実際に駿府滞在が確認できるのは、弘治二年（一五五六）のことで、一二歳のことになる。当然ながら、いまだ元服前であった。

氏規の元服は、今川義元のもとでおこなわれた。そして仮名は助五郎を称した。この仮名は、関口刑部少輔家のものであるから、氏規は氏純の婿養子となり、そのうえで元服したことを推定できる。そして氏規の元服が確認できるのは、永禄元年（一五五八）一一月以前のことになる（拙著『戦国関東覇権史』）。しかもその時には、「かみ（上）」、すなわち妻が存在していたことが確認される。氏規はこの永禄元年には、一四歳であったから、おそらくはその年の春に、氏純の婿養子になって元服し、あわせて氏純の娘と結婚したと考えられる。

しかし氏規は、永禄五年六月までは駿府にあったが、同七年六月には北条家の本拠・相模小田原（小田原市）に帰還しており、その後は北条家の御一家衆として活動している。これは氏規が、関口家とは離縁したことを示している。したがってその際に、氏純の娘は氏規と離婚したと推定される。あるいはその氏純の娘が死去してしまったため、離縁になったということも考えられる。いずれにしても氏純には、後継者となる男子がいなくなった。それについて氏純がどのように対応したのかは、まだわかっていない。

ちなみに江戸幕府の公式記録である「柳営《りゆうえい》婦女伝系」三の「清池院殿《せいちいんでん》（築山殿の法号）之伝系」（『徳川諸家系譜第一』一四六頁）には、築山殿の妹が一人あげられていて、「牟礼《むれ》壱岐守勝重《いきのかみかつしげ》室」とある。別の箇所では、その妻について「今川治部大輔《じぶのたいふ》義元女《むすめ》」とあり、混乱がみられている。さらに「今川家譜」「今川記」所収「今川系図」に関連した記述があり、義元の姉妹として「家人牟礼郷右衛門《ごうえもん》に賜る」「家人牟礼郷右衛門妻」があげられている。なお牟礼勝重は「郷右衛門」を称したことが記されているので、これらは同じ事態を異なって表現したものとみなされる。

牟礼氏については、今川家家臣として牟礼備前守元誠《びぜんのかみもとのぶ》の存在が確認されるが、壱岐守勝重の存在は確認されないようである。もっともその子孫は家康に仕えて、江戸幕府旗本になっているので、存在自体は信じてよいであろう。とはいえ牟礼氏に義元の姉妹や娘が妻になることは、その家格から考えて想定できない。しかし関口氏純の娘であれば、その可能性はあると考えられる。築山殿が義元の姪などとする所伝をうけて、彼女についても、義元の姉妹や娘という所伝が生み出された可能性を想定できよう。

ただし勝重の孫勝成《かつなり》は永禄一二年生まれであるから、その父勝利《かつとし》が築山殿と同世代になるので、その婚姻関係は世代が合わない。その場合には、勝重の妻が氏純の妹であったか、氏純の娘が結婚したのは、勝重の子勝利であったか、いずれかと考えられる。また勝重の次男は、三河「大塚城主岩瀬河内守《かわちのかみ》」であると伝えている。それらについてここで検証する余裕はないので、紹介にとどめておく。具体的な婚姻関係については、いまだ確定できないが、関口氏と牟礼氏の婚姻が事実であれば、今川家御一家衆と今川家臣の婚姻関係の事例として認識することができるであろう。ちなみにこの築山殿の妹が、氏規の妻の後身にあたるという考えもありえるが、氏規の妻になった妹は、婿養子をとった家付き娘としての立場にあったとみなされ、牟礼氏では氏純の婿養子となるには家格が合わないので、その可能性はないと考えられる。

築山殿の生年の推定

それはともかくとして、築山殿は、次に述べるように、先の氏純娘が北条氏規と結婚するより以前に、家康と結婚しているから、築山殿が氏純の長女で、この氏規妻となった氏純の娘は、次女とみることができる。そして子どもの社会活動は、おおよそ八歳からみられるようになることからすると、氏純の次女は、最低でもこの時に八歳を過ぎていたと考えられる。この時に八歳とすると、その生年は天文二〇年（一五五一）になる。したがって氏純次女は、遅くても同年以前の生まれであったと推測できる。そうすると築山殿については、それより二、三年前の生まれとみることができ、すなわち天文一八年以前にさかのぼる、とみなすことができる。

ここまでの検討により、築山殿の生年は、天文六年から同一八年のあいだであることが、ほぼ確かになったといえるであろう。これがそれぞれ、築山殿の生年についての、上限と下限とみることができる。ここからさらにできるだけ絞り込んでいきたいが、その際の材料は、結婚の時期と子どもの出産時期になる。築山殿の結婚については、次項で取り上げるが、時期については弘治二年（一五五六）と同三年の二説が伝えられている。子どもの出産についても、次章で具体的に取り上げるが、第一子である嫡男信康を永禄二年（一五五九）に産んでいる。結婚から第一子の出産まで、二、三年の間隔があったことになる。

これを生年の上限と下限にあてはめてみると、上限の天文六年の場合には、結婚が二〇、一歳、出産が二三歳、下限の同一八年の場合には、結婚が八、九歳、出産が一一歳、ということになる。後者の場合は、いかにも成り立たないと考えられる。こころみに、私がこれまで検討してきた今川・北条・武田家の関係者で、年齢が判明ないし推定でき、かつ結婚時と第一子出産時が判明ないし推定できるものについて、それぞれにおける年齢を列挙してみると、次表のようである（拙著『北条氏康の妻 瑞渓院』・『今川のおんな家長 寿桂尼』・『武田信玄の妻、三条殿』・『戦国「おんな家長」の群像』）。

これらの情報をもとにすると、結婚年齢は一八歳、一九歳の場合が多く、第一子の出産年齢は二〇歳、二一歳の場合が多いことがわかる。とくに出産年齢については、一〇歳代はかなり少数であったことがうかがえる。これを築山殿にあてはめてみると、結婚年齢を一八歳とすると、生年は天文八、九年、出産年齢を二〇歳とすると、生年は天文九年となる。そうすると築山殿の生年は、天文八年から同九年頃の可能性が高く、とりわけ第一子出産年齢を二〇歳とみた場合には、結婚が一七歳か一八歳ということになり、かなり自然な状態になる。しかもその場合、妹の北条氏規妻の生年は天文一一年、結婚年齢は一七歳となり、これもまた極めて自然な状態になろう。

以上のことはあくまでも推測にすぎない。しかし状況からの推測として、おおよそのあたりをつけるものとはなろう。この場合において注意されるのは、築山殿は、もしかした

	結婚年齢	第一子出産年齢
北川殿（今川義忠妻）	18歳頃	21歳頃
寿桂尼（今川氏親妻）	20歳頃	26歳頃
瑞運院殿（武田信虎妻）	19歳	22歳
瑞渓院殿（今川氏親娘・北条氏康妻）	18・19歳頃	20歳頃
竜泉院殿（今川氏親娘・瀬名貞綱妻）	23歳頃	26歳頃
定恵院殿（武田信虎娘・今川義元妻）	19歳	20歳
三条殿（武田信玄妻）	16歳	18歳
山木大方（北条氏綱娘・今川堀越六郎妻）	14・15歳頃	20歳頃
芳春院殿（北条氏綱娘・足利晴氏妻）	17歳頃	20歳頃
ちよ（北条氏綱娘・葛山氏元妻）	17歳	20歳
禰々（武田信虎娘・諏方頼重妻）	12歳	14歳
乾福寺殿（諏方頼重娘・武田信玄妻）	14歳	15歳
黄梅院殿（武田信玄娘・北条氏康妻）	12歳	13歳
見性院殿（武田信玄娘・武田穴山信君妻）	12歳頃	20歳頃
早河殿（北条氏康娘・今川氏真妻）	8歳頃	21歳頃
真竜院殿（武田信玄娘・木曾義昌妻）	14歳	17歳頃
桂林院殿（北条氏康娘・武田勝頼妻）	13歳	なし

今川・北条・武田家関係者の結婚・第一子出産年齢

ら天文一一年生まれの家康よりも数歳年長であった可能性が出てくることであろう。かりに家康と同年齢とすると、結婚は一五歳か一六歳、第一子出産は一八歳ということになる。この状況も、類例は少ないとはいえ、成り立たなくはない。実際のところについては、それが判明する史料の登場をまたなくてはならないが、現段階においては、家康よりも二歳くらい上であったか、低くみても同年齢であったか、と推測しておきたい。

松平元信(徳川家康)との結婚

築山殿と徳川家康との結婚について、それに関する当時の史料はなく、それを伝えるものはすべて後世に成立した史料しかない。そしてその時期については、弘治二年(一五五六)正月とするものと、同三年正月一五日もしくは五月一五日とするものの、二説が存在している。わずか一年の違いでしかないが、そもそも関係史料が少ないなか、築山殿の動向を考えるうえで、その違いを簡単には見過ごしにできないので、一通り検討しておくことにしたい。

江戸時代の早い時期に成立した信頼できる史料のなかで、築山殿の結婚について触れているのは、「当代記」と「松平記」だけといってよい。まずは「当代記」の記載を紹介しよう。

漸く成人の間、義元の一族関口刑部少輔の女をもってこれを嫁し給う、

ここには結婚の事実は記されているものの、時期については記していない。ただ時期を推測させる手がかりとして、家康の「成人」、すなわち元服をうけてであったことがうかがわれる。家康の元服時期については、当時の史料で確認することはできないものの、弘治二年六月二四日付で初見となる発給文書を残していて、そこで「松平次郎三郎元信」と署名しており、それ以前に元服していたことが確認される（戦今一二九〇）。その元服時期については、「松平記」が弘治元年としている。

ただしこれについても異説がある。江戸幕府が編纂した家康伝記である『朝野旧聞裒藁《ちょうやきゅうぶんほうこう》』東照宮御事績六（汲古書院影印刊本二巻・九四頁）には、この「松平記」の記載のほか、「三岡記」弘治元年三月、「伊東法師物語」天文二三年（一五五四）正月七日、「御年譜」弘治二年、「徳川軍功記」同年正月一五日、「徳川記」同前、「岩淵夜話別集」弘治三年、が紹介されている。実に天文二三年から弘治三年までの四説、一三歳から一六歳までが存在している。このうち弘治三年説は、前年に家康の成人が確認できるので、あてはまらない。しかしその他の三説は、可能性がないとはいえない。

次に「松平記」の記載を紹介しよう。

> 弘治二年正月、義元の御妹聟に関口刑部少輔殿と申して、今川御一家御座候、其の聟に元信仰せ付けられ、義元の姪聟に御成り成され候、御官途有り、松平蔵人元康と改名成され、清康（家康の祖父）の康字を御付け成され候、

ここには、結婚は弘治二年正月のことと記されている。ただしそれに関連して、元康への改名と、今川義元から官途名蔵人佐《くろうどのすけ》を与えられたことが記されている。記述の在り方からすると、これは同時のことと認識できるようになっている。もっとも元信から元康への改名は、弘治三年五月から（戦今一三三三）、永禄元年（一五五八）七月までのあいだのこと（戦今一四〇八）、仮名次郎三郎から官途名蔵人佐への改称は、永禄二年五月から（戦今一四五五）、同年一一月までのあいだのことで（戦今一四八三）、時期は一緒ではない。そのため「松平記」における、結婚と改名・改称とは関連付けなくてよいとみなされる。

弘治三年説としてみえているのは、「徳川幕府家譜」が代表的なものとしてあげられ、「弘治三年丁巳年、岡崎城へ御入輿」とある。ただし結婚がおこなわれたのは、駿府であり、岡崎城でのことではない。家康はいまだ同城に入部しておらず、駿府屋敷に居住して

いた時期になるから、これは明白な誤りである。『朝野旧聞裒藁』（前掲刊本・一一六頁）は、弘治三年正月一五日と記載していて、元康改名・蔵人佐改称とあわせて結婚したと記している。ただこれについても諸説を紹介していて、先の「松平記」の記載のほか、「官本三河記」弘治二年正月、「三岡記」同前、「岡崎古記」弘治二年、「徳川記」同前、「落穂集」弘治三年正月一五日、「家忠日記増補」弘治三年五月一五日、「御先祖記」弘治三年、が紹介されている。

このように結婚時期について、弘治二年正月とするものと、同三年正月一五日もしくは五月一五日とが存在している。弘治二年か同三年かというのは、転写の際の誤りであろう。また正月か五月か、というのも同様であったろう。それであれば「落穂集」にみえる一五日という日付が、独自の情報となるものの、同書は享保《きょうほう》一三年（一七二八）頃に成立したものになるので、その史料性は高くはない。そうしたことからすると、もっとも史料性が高いのは「松平記」であり、その他の所伝はこれを越えるものとはみなせない。そうすると結婚時期については、「松平記」にみえる、弘治二年正月とするのがもっとも妥当とみなされる。

とはいえ「松平記」の記載も、同じ後世成立の他の史料に比して、相対的に信頼性が高いというにすぎず、完全なものではない。結婚と改名・改称を同時期のように記していることからすると、記載のすべてが正確なわけではなかった。しかし現状において、これ以外に有力な手がかりはないことも確かである。「松平記」は、家康の元服を弘治元年、結婚をその翌年のこととしている。元服については、同二年が実名の初見になるので、元服がその年であった可能性を必ずしも排除できない。いっぽう元服が弘治二年であれば、結婚はその翌年の同三年とみることも可能になる。いまだ確定するにはいたらないが、ここでは、「松平記」の記載を優先して、結婚は弘治二年正月の可能性が高いことを確認しておく。築山殿は一七歳か一五歳くらい、家康は一五歳であった。

なお築山殿が家康と結婚した際の立場について、今川義元の養女とする所伝がある。「柳営婦女伝系」三の「清池院殿之伝系」（前掲刊本・一四三頁）に、「今川治部大輔源義元卿の御養女、同上総介氏真の妹分」と記されている。しかしこの養女の件は、信用できない。これまであげてきた史料のすべてに、このことはみえておらず、いずれにおいても関口氏の娘としかみえていなかった。したがってこの所伝は、江戸時代後期になって生まれた所伝とみなされ、参照することはできない。

こうして築山殿は、家康と結婚した。築山殿は、今川家御一家衆の娘であり、今川家の家格秩序のなかでは、最上位に位置した家柄の一つであった。対して相手の家康は、三河岡崎領の国衆で、今川家に従属する立場にあった。今川家の政治秩序のなかでは、関口家のほうが上位であり、そのため築山殿と家康との関係も、築山殿のほうが上位に位置したとみなされる。また築山殿には、結婚にともなって、実家から男性家臣・女性家臣が付属され、それにより「奥向き」の家臣が構成されたことであろう。

築山殿が居住した屋敷地

ちなみに結婚後の元康の屋敷の所在について、参考になる所伝がある。それは北条氏規が、駿府滞在の時期に、元康と屋敷が隣同士であったというものである。それは『駿国雑志』巻九下（吉見書店本『駿国雑志』二巻・三六頁）にみえているもので、駿府の宮ヶ崎に屋敷があり、右隣に遠江国衆の孕石《はらみいし》主水佑《もんどのじょう》元泰《もとやす》の屋敷が、左隣に北条氏規の屋敷があったと記されている。同史料は江戸時代後期の天保一四年（一八四三）に成立したものであるが、何らかの典拠をもとにした記載と思われる。

元康の屋敷が駿府宮ヶ崎に所在していたことについては、『三河物語』に「駿付の少将の宮之町」（前掲刊本・九〇頁）、「松平記」に「宮の前に御屋敷あり」（前掲刊本・九八頁）、さらに江戸時代中期の元文五年（一七四〇）成立の『武徳編年集成』巻二に、「宮が崎に寓館を設け」と記されている（前掲刊本上巻・三〇頁）。これらの史料の記載から、元康が駿府においては、「宮ヶ崎」に居住したことは確かと考えられる。ちなみに同所は、駿府館の北西に位置し、現在も葵区宮ヶ崎町として存在している。また元康の屋敷は、現在の報土寺のあたりであったとする伝えがある（『駿河志料国府別録』）。現在の駿府城から五〇〇メートルほど離れた場所になる。

また孕石元泰の屋敷が隣に所在したことについても、『三河物語』にもみえていることであるので、これも確かなことと思われる。江戸時代前期成立の史料に、北条氏規屋敷が隣にあったことは記されていないので、先の記述をどこまで信用できるか確かではない。しかし元康と北条氏規はともに関口氏純の娘婿として、相婿の関係にあたることからすれば、むしろ整合的な所伝とみることもできる。氏規は氏純の婿養子であったから、おそらく関口家屋敷のなかに別棟が建てられて、そこに居住したと考えられる。そうすると元康の屋敷は、その隣に所在したことになろう。元康は氏純の娘婿として、屋敷はその隣に与えられたことがうかがわれる。そうであれば築山殿は、元康の妻になったとはいっても、実家の隣屋敷に居住したことになり、また身辺は実家から付き従ってきた家臣に囲まれていたから、おそらく実家にいるのとほとんど変わらない気分でいられたことであろう。

第二章　駿府から岡崎へ

松平竹千代（徳川家康）の登場

ここで夫となる徳川家康について、この時期における政治的な立場について述べておくことにしたい。というのは、今川家のもとにあった家康の立場をどのようなものと認識するかで、築山殿の結婚の意味も異なるものになるからである。

それに関して通説となっていたのは、「家康は今川家への人質であった」、というものであろう。そもそも家康の事蹟については、つい最近まで、江戸時代に成立した内容が、検討されずにほぼそのまま継承されるような状態であった。家康の動向について、当時の史料をもとに解明するという作業は、近年になってようやく開始されるようになっているにすぎない。しかしそのなかで、次々と新たな認識が提示されるようになっている。

とりわけ今川家との関係では、「人質」などではなく、三河岡崎領の国衆・松平家の当主で、今川家御一家衆出身の築山殿と結婚していることから、今川家の親類衆であった、とみなされるようになっている。そうした近年における最新の研究成果をもとに、今川時代における家康の動向について、述べておくことにしたい。以下の記述は、近年における村岡幹生氏の一連の研究をもとにした（大石泰史編『今川義元』・柴裕之編『徳川家康』所収論文など）、柴裕之氏（『徳川家康』・同編『徳川家康』など）や丸島和洋氏（『東日本の動乱と

徳川家康（名古屋市博物館蔵）

戦国大名の発展』）によるまとめによりながら記していく。

家康は、天文一一年（一五四二）一二月二六日に、三河岡崎領の国衆・松平広忠《ひろただ》（一五二六〜四九）の嫡男として生まれた。もっともこの生年について、最近になって異説が出されている（原史彦「徳川家康イメージの現在」）。家康が慶長八年（一六〇三）に自ら「六十一歳」と記しており、これによれば生年は、通説よりも一年遅い、天文一二年になることが指摘された。家康の生年が何年かは、その後の動向を認識するうえで極めて大きな問題である。ただし通説にも確かな根拠があり、『本光国師日記《ほんこうこくし》』元和二年（一六一六）四月一七日条に、家康の死去の記事で「御年七十五」と記されている（『新訂本光国師日記第四』二頁）。家康の有力側近の金地院崇伝《こんちいんすうでん》の日記であるから、これも間違いとは思われない。ここでどちらが正しいか検討できないが、極めて重要な問題なので、あえて紹介しておく。ここでは通説に従っておくが、今後この問題について検証がすすめられ解決されることを期待したい。

　幼名は竹千代《たけちよ》を称した。この時の松平広忠は、三河松平一族の惣領の立場を確立していた。そのうえで、駿河今川家（義元）と尾張織田家（実質的には弾正忠《だんじょうのじょう》家の信秀《のぶひで》）との関係をどのようなものにするか、判断を迫られるものとなっていた。広忠の妻で家康の母は、尾張緒川《おがわ》水野妙茂《ただしげ》（いわゆる「忠政《ただまさ》」）の娘於大《おだい》（伝通院殿《でんつういんでん》、一五二八～一六〇二）であった。ところが水野家で妙茂から嫡男信元《のぶもと》に代替わりすると、水野家は織田方になってしまった。そのため広忠は於大を離別し、代わって三河田原領の戸田宗光《むねみつ》の娘と結婚した。この時代、政治関係に変化があっても離婚はほとんどみることができないので、広忠と於大の離婚は実は珍しい事例になる。

　そうしたなかで広忠は、今川家への対応方針をめぐって、叔父信孝《のぶたか》と対立し、信孝が織田家を頼ったため、織田家と明確な敵対関係になった。広忠はかつて、岡崎城から没落していた時期があり、その時に岡崎城を領有していたのが、当時の松平一族の惣領であった尾張守山領の松平信定《のぶさだ》に味方していた信孝であった。於大との結婚も、この信孝の周旋によっていたとみられている。ところが新たに同盟を結んだ戸田家は、今川家と対立するようになったため、広忠は今川家とも敵対関係になってしまった。そして天文一五年になると、今川家・織田家の両者が三河に侵攻してくるものとなった。

この時点では、今川家と織田家は対三河戦略については協調関係にあったらしいが、同一六年になると、織田信秀は独自の行動をとり、今川義元に相談なく、松平領国への侵攻を展開し、九月までのうちに、その重要拠点であった安祥城《あんじょう》（安城市）を攻略する。さらに九月二二日までに、「岡崎（広忠）は弾（織田信秀）へ降参の分にて、からからの命にて候、弾は三州（三河）平均」（『愛知県史資料編14』補一七八号）と、広忠は織田信秀に従属することになり、それにより信秀は三河を制圧したと表現される状態になった。

ただし実際に広忠が信秀に従属したかは確認できない。その後も信秀との抗争を続けているからである。織田方からの攻撃をうけて広忠は、今川家に従属することにしたらしく、それにともなって当主の地位を、わずか六歳の竹千代に譲った可能性が指摘されている（小林輝久彦「「駿遠軍中衆矢文写」についての一考察」）。そして九月二六日には竹千代による反撃が展開されたとみなされていて、これにあたって今川家から援軍を獲得したらしい（戦今九〇七）。これらにより三河領有をめぐって、今川家と織田家の抗争が開始されることになる。

竹千代「人質」説の疑問

この時期のこととして伝えられているのが、竹千代が織田家に人質にとられた、ということである。今川家への従属にあたり、竹千代を人質に出したところ、田原戸田家に奪取され、千貫文（約一億円、あるいは一〇〇貫文）と引き換えに織田家に送られ、二年後の今川家による安祥城攻略にともなって、城主織田信広《のぶひろ》（信秀の長男）と竹千代との人質交換がなされ、竹千代は今川家に引き取られ、人質として駿府に送られた、というものである。この話は、『三河物語』『当代記』『松平記』など、信頼性の高い史料にも一様にみえている。そのためこれまで事実とみなされてきた。

しかしどうもにわかには信じられない。まずすでに当主となっていた竹千代が、駿府に人質に送られる、という事態はありえず、当主による駿府行きは、従属先の戦国大名への服属儀礼としての挨拶である「参府《さんぷ》」と考えるべきであろう。しかし三河での抗争のさなかにそのようなことがおこなわれるとは考えにくい。また戸田家の動きは、今川家への対抗のため織田家に従属したものとみることができ、その際に千貫文（あるいは一〇〇貫文）が信秀から与えられたというのも、従属にともなう軍資金の提供とみたほうが妥当と思われる。さらに『三河物語』は竹千代の駿府滞在を七歳の時から、すなわち天文一七年（一五四八）からとしているが、安祥城攻略はその翌年の同一八年のことであり、時期が合っていない。しかも安祥城攻略は一一月のことであったが、その直前の九月の時点で、竹千代が今川方として存在していたことが確認されている（戦今九〇七）。

このようなことから、その話はそのままには信用できないといわざるをえない。そのため竹千代が尾張に送られ、その後に今川家と織田家の人質交換で今川家に引き取られた、という事態が実際にあったのかどうかはわからない、としかいいようがない。今後さらに追究が深められることで解決されることを期待したい。

さて松平家では、竹千代に当主が交替されたとしても、実質的な領国支配は広忠が担い続けた。しかし同一八年三月六日に、広忠は二四歳で死去した。これにより松平家では領国を統治する主体がいなくなった。竹千代はまだ八歳にすぎず、いかにも幼少であったからである。これをうけて今川義元は、松平家の領国である岡崎領を接収し、その直接統治下に置き、また岡崎城には家臣の糟屋《かすや》備前守や山田景隆《かげたか》を城将として、遠江衆などを在城衆として派遣した。実際に義元が岡崎領を直接統治していることが確認されるのは、同一九年六月からになる（戦今九五二）。

これは義元が、従属国衆の松平家の存立を図って、保護下に置いたことを意味している。ただし義元が行使したのは、松平家家臣や寺社に対する所領安堵などの上位の支配権というべきもので、具体的な領国統治は、松平家家老の阿倍大蔵允《おおくらのじょう》を中心とした家臣団によっておこなわれたことがわかっている。これは国衆としての松平家が、領国統治の主体として存在し続けた一方で、義元はより上位の戦国大名権力として、当主代行を兼ねるかたちで、領国統治にあたっていたことを意味している。

そしてこれにともなって、竹千代は駿府に居住することになったと考えられる。竹千代は天文一八年九月の時点で岡崎城にあったとみなされるから、それから同一九年六月までのあいだに、駿府に移住したとみなされる。竹千代の駿府到着の時期について、『三河物語』は天文一八年のこととして記すにすぎないが（前掲刊本・九〇頁）、『武徳編年集成』巻二は一一月二二日と日付を記している（前掲刊本上巻・三〇頁）。この駿府生活について、これまでは『三河物語』などの記載によって「人質」とみなされてきたが、竹千代は国衆家の当主であるから、それはあたらない。しかもその後、今川家御一家衆の関口氏純の娘・築山殿と結婚して、今川家の親類衆となる。今川家御一家衆は、実態が国衆であった場合でも、駿府での生活が基本であった。これは駿河駿東郡の国衆・葛山家の事例からわかっている。

竹千代の駿府生活が、天文一八年からはじまったのか、同一九年からはじまったのかは、まだ判断できないが、いずれにしろ幼少であった竹千代は、今川家の保護をうけ、駿府生活を送ることになった。さらにはその際に、築山殿との結婚が予定されて、親類衆になることが決められたのかもしれない。竹千代は八歳か九歳、築山殿も同年齢もしくは一〇歳か一一歳くらいであったとみられるから、婚約が成立されてもおかしくない年齢といえるであろう。

松平竹千代から元信・元康へ

竹千代はその後、「松平記」によれば、弘治元年（一五五五）に元服し、仮名次郎三郎、実名元信を名乗った。一四歳であった。仮名は祖父清康《きよやす》のものを襲名したものになる。父広忠の仮名は三郎であったから、あえてそれを避けたように思われる。また実名のうちの「元」字は、今川義元からの偏諱《へんき》である。なお広忠の仮名について、本来は次郎三郎で、三郎は略称とみる余地もあるが、次郎三郎の略称は「次」とされたのに対し、広忠は仮名の略称を「三」としているので、あくまでも仮名は三郎であったとみておきたい。

下字の「信」の由来は判明しない。松平家では、元信の曾祖父の信忠《のぶただ》、その弟で松平一族の惣領であった信定、祖父清康の弟で父広忠が岡崎城から没落していた時期に同城を領有していた信孝が、信字を冠した実名を名乗っていることからすると、それに因んだものかもしれない。広忠の系統である安祥松平氏の歴代の通字《つうじ》は「忠」であったが（長忠《ながただ》・親忠《ちかただ》・信忠・広忠）、この「忠」字に義元から「元」字の偏諱をうけた実名は、家老の鳥居元忠《もとただ》（一五三九～一六〇〇）が名乗っているので、あえて同字を避けたのかもしれない。仮名といい実名といい、父広忠の先例をあえて避けているような状況がうかがえる。ちなみに「忠」字は、のちに家康の三男秀忠、四男忠吉《ただよし》に受け継がれている。

そして「松平記」によれば、弘治二年正月に、築山殿と結婚する。一五歳であった。その年六月から発給文書がみられるようになり、領国統治を開始している。とはいえその初見の文書は、実際には大叔母・久《ひさ》によって出されたものであることがわかっている。実際に元信自身が花押を据えて出した文書の最初は、同三年五月のものになる（戦今一三三三）。これこそが元信による領国統治の本格的な開始となろう。ただしその発給文書は、弘治二年のものを含めても、永禄二年（一五五九）までの四年間でわずか六通が残されているにすぎない。

そして永禄元年二月の寺部《てらべ》鱸《すずき》家攻めで初陣を果たしたといわれ（「松平記」）、また同年七月までに実名を元康に改め、さらに同二年五月から一一月のあいだに官途名蔵人佐を称するようになっている。実名の改名は、下字を「信」から、祖父清康の「康」字に変えたものになる。改名の理由は判明しないが、本格的な領国統治の開始が契機になっているのだろうか。それにともなって祖父に因む字を採用したのかもしれない。仮名といい実名といい、元康が祖父清康を意識していたことがうかがわれる。官途名については、祖父清康・父広忠ともに仮名のままであったが、曾祖父信忠、次いで祖父清康の弟信孝が蔵人佐を称しているので（愛10一〇二九ほか）、これを歴代の官途名と認識し、襲名したものであろう。

なお初陣についても最近、異説が出されている。一七歳での初陣は不自然で、それより二年前の弘治二年の日近《ひぢか》奥平定友《さだとも》（貞友とも）攻撃において、元康の出陣を伝える近世史料（『朝野旧聞裒藁』引用の「岡崎古記」「三河雀」）があることから、それが初陣であった可能性が指摘されている（前掲原論文）。この場合、一五歳での初陣となり、結婚や発給文書の開始とも同年になり、極めて自然になる。これについても今後の検証がまたれるが、重要な事柄であるので紹介しておく。

また領国統治に関しても、その間に義元が岡崎領の領国統治に関わって出した文書は、弘治二年八月に松平家家臣への感状（戦今一二九六）、同年九月に松平一族の東条松平家への家督と所領の安堵、および同家家老への感状（戦今一三〇一～三）がみられるにすぎず、さらに以後においてはそうしたこともみられなくなっている。これは元康が、領国統治を開始したことにともなって、岡崎領に対する領国支配は、元康がほぼ全権を掌握するものとなり、以後において元康は独自の領国支配を展開するようになったことを意味している。もちろん岡崎領は、織田方への最前線に位置し続けていたから、岡崎城には今川方の在城衆が存在し続けた。しかしそれは今川家による軍事的保護にあたるもので、そのもとで元康の領国支配が展開されたのであった。

ただし岡崎領の情勢は、決して安定したものではなかったらしい。永禄元年閏六月に、「岡崎雑説《ぞうせつ》」という事態が生じている（戦今一四〇三）。「雑説」の具体的な内容は判明しないが、たいていは謀叛を意味している。したがってこの場合もその意味で理解してよいと考えられる。そうするとこの時、岡崎城で謀叛事件があったことになる。それについては「別儀無し」と記されているので、未然に防止されたことがうかがわれる。しかし岡崎城での謀叛とは、やはり穏やかではない。元康による一族・家臣の統制が、十分でなかったことを示していよう。

今川家のもとでの元康の立場

そうしたことをうけてのことか、翌永禄二年（一五五九）五月一六日に、元康は家臣団に対して、七ヵ条にわたる定書を公布している（戦今一四五五）。この時期の元康による家臣団統制を示すもので、極めて興味深い内容になっている。ただしここでその全容を取り上げる余裕はないので、詳しくは柴裕之氏の研究（「松平元康との関係」拙編『今川義元とその時代』所収）を参照していただくことにし、ここでは概略を紹介するにとどめたい。基本的な内容は、家臣団の行動についての規定、とくに家臣同士の争いから発したであろう元康への訴訟の在り方について規定している。そのなかでとりわけ注目されるのが、四条目の内容であろう。

一、万事各分別せしむるの事、元康たとえ相紛れるといえども、達って一列して申すべし、其の上承引せざれば、関刑（関口氏純）・朝丹（朝比奈親徳）へ其の断り申すべき事、

（現代語訳）
何事についてもみな（「各《おのおの》」、家老たち）が判断したことについて、元康がたとえそれに従わないことがあったとしたら、どうあっても一同して申し入れなさい。それでも（元康が）聞き入れない場合には、関口氏純・朝比奈親徳にその連絡（訴訟）をしなさい。

ここでは元康が家老たちの判断に従わなかった場合には、あらためて家老みんなで元康に申し入れること、それでも元康が承知しない場合には、そのことを関口氏純・朝比奈親徳に訴訟することを規定している。関口氏純・朝比奈親徳から申し入れられれば、元康も聞き入れざるをえなかったことがわかる。関口氏純は、これまでにみてきたように、築山殿の父であり、すなわち岳父にあたる。朝比奈親徳は今川家の家老であり、元康との具体

的な関係は判明していないが、ここに登場していることから、元康に対して政治的・軍事的に指導する指南（寄親《よりおや》・取次）であったと考えられる。

ここに今川家に従属する国衆としての元康の立場が、端的に表現されている。元康は、国衆として自己の領国を独自に支配する存在であったが、今川家に従属している立場として、今川家からは岳父の関口氏純と指南の朝比奈親徳を通じて、政治的・軍事的統制をうけていたことがわかる。ただこうしたことは、元康に限ることでなく、戦国大名に従属する国衆について共通する在り方になる（拙著『戦国大名――政策・統治・戦争』など）。元康の場合が特異なのは、今川家の親類衆として、駿府在府を基本としていて、駿府から領国統治をおこなっていたことである。しかしそれも、今川家御一家衆については、基本的な在り方であった。

元康は、今川家に従属する国衆として、独自の領国支配を展開しつつも、その軍事的保護のもとにあった。当面の敵対勢力は、尾張の織田家であった。この時には織田家は、信秀からその嫡男信長（一五三四〜八二）に代替わりしていた。今川家でも、これより先の弘治三年に、義元から氏真に家督が交替されていた。けれどもいまだ、今川家の三河支配、そしてそこでの軍事行動は、義元が管轄していた。今川家は、元康が先の定書を公布してから三ヵ月後には、尾張への本格的な進出をすすめている。そうするとその定書も、そのような軍事的緊張の激化を前に、家臣団統制を果たすために出されたものであったかもしれない。

義元がそのまま織田信長を圧迫し、尾張の経略を遂げれば、元康はようやくに軍事的最前線の立場から解放されることになる。それまでは今川家の軍事的保護のもと、織田方との抗争にあたらなければならなかった。義元の尾張侵攻は、やがて本格化することになる。元康は、その親類衆として、より本質的には、独自に領国支配を展開する国衆として、今川家の軍事行動に依拠することで、その存立を遂げる立場にあった。

嫡男信康の誕生

築山殿が松平元康と結婚してから、最初に確認される動向は、子どもの出産である。築山殿は、元康とのあいだに、一男一女の二人の子どもを産んでいる。それぞれ元康の長男と長女にあたり、長男が信康で、元康の嫡男とされ、長女が亀姫《かめひめ》で、のちに三河作手《つくで》領の国衆・奥平信昌の妻となった。

それら子どもの誕生を伝える当時の史料は全く残っていない。そのためそれらの状況についても、後世成立の史料をもとにしていかなくてはならない。築山殿が、一男一女の二人の子どもを産んだことを記す、もっとも早い史料は「当代記」であり、築山殿の結婚に

松平信康肖像（勝蓮寺蔵）

ついて記したのに続けて、「此の腹に男女の息これ有り」と記している（前掲刊本・五頁）。また『石川正西聞見集』には、

此の御腹に御男子御一人御誕生、御成長有りて若殿様と申し奉る、此の若殿様〈三郎殿御事〉若殿様御妹御一人、奥平九八郎（信昌）殿御本妻歟、

とあり（前掲刊本・三頁）、第一子が信康（「三郎殿」）で、その妹として第二子に奥平信昌妻があったことが記されている。これらにより、築山殿の子どもが、長男信康・長女亀姫の二人であったことは、ほぼ確実とみることができる。

信康の誕生は、永禄二年（一五五九）三月と伝えられている。築山殿と元康の結婚が、弘治二年（一五五六）のことであったなら、それから三年後のことになる。この誕生時期について伝える、もっとも早い史料は「当代記」である。ただし同史料では、信康の誕生そのものについては記していない。元亀二年（一五七一）に浜松城で能が催され、信康も舞っていて、それにともなって、「家康公一男也〈年十三〉」と記されている（前掲刊本・一五頁）。元亀二年に一三歳であるから、逆算すると生年は永禄二年になる。誕生について記していないなかでの記載であるから、その情報の確度は高いとみてよい。

そして具体的に誕生について記している史料で、もっとも早いのは「松平記」である。その誕生については、

永禄二〈己未〉年三月、駿河にて元康の惣領若君生れ給う、諸人悦び、御母方は今川御一門也、さてさて目出度しと御普代衆悦ぶ事限りなし、阿倍大蔵允是を聞き、此の若子家をつぎ給うべからずと申す、如何にと申すに、松平の家には未の年の子惣領には立たざる事其のためし有りと申しけるが、果たして此の御子、後には三郎殿とて廿一にて生害也、

と記されている（前掲刊本・一〇〇頁）。ここで永禄二年のうち、三月の誕生であったこと、駿河で誕生したことがみえている。ちなみに後段においては、家老の阿倍大蔵允が、未年

生まれの男子は松平家を継承することはできないことを予言する話になっているが、これはいうまでもなく、後年における信康事件により、信康が家康から自害させられたことをうけて、それを必然とする布石としての創作とみなされる。

実際の誕生時期が三月であったのかどうかは、これ以上に信頼できる史料がみられないため、検証することができない。ここでは基本的にはそれを信じておくほかはない。なおさらに後年の作成である「徳川幕府家譜」の信康の項（『徳川諸家系譜第一』三五頁）に「永禄二己未年三月六日、駿府城において御誕生」と、「柳営婦女伝系」の「清池院殿之伝系」（同前・一四三頁）に「永禄弐年己未三月六日参州岡崎の城において御嫡子岡崎三郎信康君を産せ給う」と記されていて、誕生日が明記されるようになっている。しかしそれらより以前に成立している史料では、三月の誕生としか記されておらず、その後に新たに誕生日を示す史料が確認されたとは考えがたいから、これは何らかの創作とみなさざるをえない。したがってここでは、誕生は永禄二年三月のこととするにとどめておく。

幼名は竹千代といった。これについても当時の史料で確認されていないが、『三河物語』で「竹千代殿」と記し（前掲刊本・一二二頁）、「当代記」でも「（家康）一男〈是を竹千代主と云う、後に三郎信康と号す〉」と記し（前掲刊本・五頁）、「松平記」にも「家康の御前（築山殿）御子息竹千代殿」と記しているので（前掲刊本・一〇五頁）、ほぼ確かとみなされる。

この「竹千代」という幼名は、いうまでもなく元康が称したものであったから、それを襲名したものになる。それはすなわち、信康が元康の嫡男に位置付けられたことを意味している。しかし信康は、単に元康の長男であったから嫡男に定められたのではなかった。それは正妻の築山殿の所生であったからになる。実際には長男であっても、正妻の所生ではなく、別妻や妾の所生であれば、庶長子として、嫡男にされない事例は数多くみられている。武田信虎《のぶとら》の長男竹松《たけまつ》や、織田信秀の長男信広の事例がよく知られていよう。信康は築山殿の所生の長男であったため、誕生した時点で、元康の嫡男に定められたのであった。正妻の所生かそうでないかは、その子の人生の出発点を決定的に左右したのであった。それはそれだけ、正妻の政治的地位の高さをあらわしていた。

長女亀姫の誕生

築山殿の第二子で、長女にあたったのが亀姫である。生年については、通説では永禄三年（一五六〇）とされている。それによれば兄信康とは一年違いの年子であったことになる。しかしながら実際には、亀姫の生年については四つの説が存在している。そのためここで、それらの当否について検討しておかなくてはならないであろう。

生年について四つの説があるのは、没年齢についての所伝が四つあることによる。亀姫は、寛永二年（一六二五）五月二七日に死去したが、没年齢を記す当時の史料はなく、没年齢はいずれも後世成立の史料にみえている。それに四通りがみられた。没年齢とその逆算による生年、その典拠を列挙すれば、次のようである。

六八歳　永禄元年（「徳川幕府家譜」亀姫君の項〈前掲刊本・三六頁〉）

六六歳　永禄三年（同前〈同前・三五頁〉・「紀年録」「東武実録」「徳川系譜公子譜」「御九族記」〈「大日本史料稿本」所引〉など）

六四歳　永禄五年（『中津藩史』二五〇頁）

六二歳　永禄七年（「光国寺記」『加納《かのう》町史上巻』二一四頁）

ただしこのうち、最初の「六八歳」説は、これだと信康よりも年長になってしまい、先にあげた『石川正西聞見集』などの記載と矛盾してしまうだけでなく、同じ史料の記述に永禄三年誕生説が記されているので、これは転写の際の誤写とみなすことができ、これについては除外することができる。そうすると実際には、三つの説ということになる。

その三つの説のうち、圧倒的な数量にあるのは、「六六歳」説による永禄三年説である。しかも「徳川系譜公子譜」には、永禄三年三月の誕生、「御九族記」には、同年三月一八日の誕生と、誕生月さらには誕生日まで記載されるようになっている。しかしそれらについては、先の信康の場合と同じく、その他の史料が単に永禄三年としか記していないなかで、誕生月・誕生日を示す新たな史料が確認されたとは考えがたいので、やはり何らかの創作とみなさざるをえない。

また「六四歳」説の典拠は不明で、豊前中津藩奥平家に残された所伝と推測されるがわからない。「六二歳」説は、亀姫の廟所である加納光国寺の寺伝ではあるが、実際の典拠は戦後に作成されたものである。旧来の寺伝を継承している可能性は否定できないが、それ以上確認はできない。こうしてみると、「六六歳」が圧倒的に優勢にあると認識される。そのためこれまでの通説が、同説に拠ってきたのは至極当然と認識される。

ただ気になることも残されている。それは亀姫が産んだ子女との関係である。亀姫はのちに奥平信昌の妻になり、信昌とのあいだに四男一女を産んだと伝えられている。それらの生年と、亀姫が永禄三年生まれの場合における年齢を列挙すれば、次のようになる。

家昌《いえまさ》	天正五年（一五七七）	一八歳
家治《いえはる》	天正七年	二〇歳
忠政《ただまさ》	天正八年	二一歳
千姫《せんひめ》（大久保忠常《ただつね》妻）	天正一〇年	二三歳
忠明	天正一一年	二四歳

いずれも亀姫の所生とみても不自然でなく、またその時の亀姫の年齢についても不自然ではない。しかし気にかかるのは、信昌の四人の男子のうち、次男家治以下は、すべて家康から松平名字を与えられているのに対し、長男の家昌はそうでないことである。家治・忠政・忠明が松平名字を与えられていることについて、これまでは家康の養子になったからと伝えられてきた。すでに『寛永諸家系図伝』（刊本六巻・一四一～二頁）の時点で、家治・忠明にその旨が記されている。しかし忠政については、養子になったことは記されていない。にもかかわらず忠政は松平名字を与えられている。このことは家治・忠明が松平名字を与えられたのは、家康の養子になったことによるのでなく、忠政の場合と同じく、ある理由から与えられたと考えるのが妥当になる。

そしてその理由とは、家治らが家康の外孫であったことにもとめられる。『寛永諸家系図伝』では、家治・忠明は元服の際に家康の養子になり、松平名字を与えられたと記し、その時期について、ともに天正一六年と記している。しかし、両者が家康の養子として存在し、かつ松平名字を称していたことを示す当時の史料はみられていない。家治・忠政・忠明の初期の動向については、系譜史料の記載以外はみられておらず、そのためその内容をそのまま信用することは難しい。例えば、家治は文禄元年（一五九二）に一四歳で死去しており、その時に「松平右京大夫《うきょうのだいぶ》」を称していたとされているが、そのことを当時の史料では検証できず、信用しがたい。

忠政・忠明の動向がみられるようになるのは、慶長五年（一六〇〇）の関ヶ原合戦後であり、忠政は同七年に松平名字を与えられたと伝えられている。今後、忠政・忠明についてその時期の動向を具体的に検証していく必要はあるが、ここでその余裕はないので、今後における課題として提示しておくにとどめたい。そのうえでここでは、忠政・忠明は、関ヶ原合戦後に、家康から松平名字を与えられたと想定できること、それは家康の外孫であったからとみなされることをおさえておきたい。

家康は関ヶ原合戦後に、外孫に対して松平名字を与えていた。長女亀姫の子の忠政・忠明のほか、次女督姫《とくひめ》（池田輝政《てるまさ》妻）の子の忠継《ただつぐ》・忠雄《ただかつ》・輝澄《てるすみ》・政綱《まさつな》・輝興《てるおき》、三女振姫《ふりひめ》（蒲生秀行《がもうひでゆき》妻）の子の忠郷《たださと》・忠知《ただとも》である。しかもそれらは、父方実家の一員というよりも、母方実家の徳川将軍家の家族の立場に置かれていた。これらの状況をみれば、家治・忠政・忠明が家康から松平名字を与えられたのは、外孫であったことによるとみることができよう。

そのように考えた場合、長男の家昌が、一人だけ松平名字を与えられていないことが気にかかる。家昌が亀姫の実子であれば、同様に松平名字を与えられたはずであろう。しかも家昌は、関ヶ原合戦後に、父信昌が美濃加納領一〇万石を与えられたのとは別に、やがて下野宇都宮領一〇万石を与えられている。これを素直にみれば、信昌とは別家を立てたものになる。すなわち家昌は、父信昌とは別家をなし、しかも弟たちと違って松平名字を与えられていなかった。これらの事態を整合的に理解しようとすれば、家昌は亀姫の実子ではなかったから、と考えざるをえないであろう。

亀姫が奥平信昌と結婚したのは、天正四年と伝えられている。このことについてはのちの章であらためて検討するが、家昌が亀姫の実子ではなかったとすれば、家昌は庶長子として存在したといえ、亀姫の結婚が家昌の誕生後であったか、結婚後しばらくは、年少もしくは病気などの理由により子どもを産めない状態にあったか、のいずれかと考えられる。ただし庶長子であった場合、信昌が亀姫との結婚後に庶長子をもうけるという事態は、かなり考えがたいことなので、亀姫の結婚はそれより後のことであった可能性が高いとみなされる。

そしてそのことで、亀姫の生年についても再検討の余地が生じることにもなる。例えば実子の長男となる家治を産んだのを一八歳と想定した場合には、「六四歳」説にあたる永禄五年生まれ、天正四年の結婚の時は一五歳、と考えられるようになる。亀姫の生年については、先にも記したように、現在の史料状況からは、通説の通り永禄三年とみるのが優勢である。しかし長男家昌については、亀姫の実子ではなかった可能性が高く、そのため結婚は通説よりも遅い時期の可能性が想定された。そうするとその年齢も、その分だけ下がる可能性がでてくることにもなる。

とはいえここで結論を出すことはできないので、このあたりでとどめておくことにしよう。この問題については今後の検証により確定されていくことを期待し、ここでは一応、通説に従って、亀姫については永禄三年生まれ、実際の第一子とみなされる家治の出産を二〇歳のこととみておくことにする。

元康の岡崎領入部

築山殿は、おそらく生まれてからこれまで、ずっと駿府で生活を送っていたと思われる。それが大きく変化するのは、元康が領国の岡崎領に入部し、本拠の岡崎城に帰還したことにあった。元康は、『三河物語』によれば、永禄三年（一五六〇）五月二三日に、岡崎城に帰還したという。これは同月一九日の尾張桶狭間合戦での今川軍の敗北をうけてのことであった。元康は、今川義元の尾張出陣に従軍し、先陣として、尾張に侵攻して大高《おおだか》城（名古屋市）に入城していたという。桶狭間合戦での義元戦死をともなう敗北により、岡崎城に帰還したとされている。その際、『三河物語』は、今川軍の在城衆が退去して「捨て城」であるからといって入城したと伝えている。また「松平記」では、この時に岡崎城には、家老筆頭の三浦氏員《うじかず》と遠江国衆の飯尾連竜《いのおつらたつ》が在番していたが、敗戦にともなって退去したと伝えている。

その具体的な状況はともかく、岡崎城に在城の今川軍の退去をうけて、元康が同城に帰還したという経緯は、妥当とみなされる。問題はその性格をどう理解するかにある。『三河物語』は、この入城をもって、元康は今川家に「手切れ」、すなわち今川家の従属下から自立し、今川家に敵対したと記している。これまでの通説も、基本的にはそのように理解してきた。今川家の承諾なしに、岡崎城に帰還したとしたら、それは今川家への敵対行為になるからである。しかしながら近年、そのことについての見直しがすすめられていて、元康が今川家から離叛し敵対したのは、翌四年四月の三河牛久保《うしくぼ》城（豊川市）攻撃からであったことがわかっている。

そうするとそれまで元康は、今川家に従属していた状態にあったことになる。そのなかで岡崎城に在城しているということは、それは今川家当主の氏真の処置によると考えざるをえず、桶狭間合戦後における元康の岡崎領入部は、合戦後の戦略配置にともなう今川氏真の意向によっておこなわれたものといえよう。元康は同年六月三日に、岡崎領内の中島村崇福寺に宛てて、軍事行動にともなう禁制を与えており（戦今一五四一）、これが元康が岡崎城在城にともなって出した文書として初見になっている。それは同時に、岡崎領の平和を、それまでのように今川軍が果たすのではなく、元康が果たすことを表明するものであった（丸島和洋「松平元康の岡崎城帰還」柴裕之編『徳川家康』所収）。

ちなみにこの岡崎城帰還について、「当代記」では、「義元尾（尾張）・三（三河）境において討死の後、家康公岡崎へ移らしめ給う」（前掲刊本・五頁）と記している。そこに『三河物語』にみられるような、今川家への敵対姿勢をともなう意思を読み取ることはできず、やはり今川家の了解のもとでの行動と認識できる。これにより元康は、本拠岡崎城への在城を続け、領国の岡崎領の統治をおこなうものとなった。それまでは駿府に基本的に在住しながら、岡崎領の統治にあたっていたが、この時からはそうではなく、本拠に在城しながら領国統治にあたることになったのであり、それはいわば国衆としての在り方の基本に戻るものであった。

今川氏真が、元康を岡崎領に入部させたのは、敗戦により、再び岡崎領が織田方への最前線に位置し、織田方からの反攻が予想されることで、元康に織田方との抗争にあたらせようとしたためであろう。最前線の軍事行動の指揮には、相応の身分と実力が必要であった。それまで岡崎城に派遣されていた城将の一人・山田景隆も桶狭間合戦で戦死していた。そのため今川家は御一家衆か家老をあらためて岡崎城に派遣しなくてはならない状況にあった。そうしたなかで本来の城主の元康が、すでに成人を遂げていて、今川家御一家衆の婿となり、親類衆として、御一家衆に準じる立場にあった。さらに、そもそも岡崎領は元康の領国であったから、氏真はこれを機に、岡崎城にあらたな城将を派遣するのでなく、元康を本拠に帰還させて、織田方との抗争にあたらせることを考えたのであろう。

築山殿の岡崎領入部

元康の岡崎城帰還にともなって、駿府で生活していた築山殿は、岡崎に移住したとみなされる。これまで築山殿の岡崎領入部については、これより二年後の鵜殿《うどの》家との人質交換によると理解されてきた。しかしそのことを示す明確な史料は存在していない。さらにこれまで使用してきたような、江戸時代の成立ながらも信頼性の高い史料にもそうした内容は記されていない。したがって築山殿の岡崎領への移住が、二年後のことであるというのは、確かな根拠のない全くの俗説にすぎないのである。では実際はいつ頃のことと考えられるであろうか。

そのことに関する記述は、「当代記」にみえているにすぎないが、元康が岡崎城に帰還したことに続けて（前掲刊本・五頁）、

時に妻女・息女は三川岡崎へ移られ、一男〈是を竹千代主と云う、後に三郎信康と号

す〉は駿府に人質として居住也、

と記している。すなわち、元康が岡崎城に帰還したことをうけて、妻の築山殿と娘の亀姫は、岡崎に移り、嫡男の竹千代（信康）は、人質としてそのまま駿府に居住した、というのである。これに関しては『三河物語』と「松平記」にも、駿府に居住を続けていたのは竹千代だけのように記しているので、これらのことは事実とみなしてさしつかえないと考えられる。

ただし竹千代の立場が、この時点で「人質」であったかどうかは検討の余地がある。それは今川家の御一家衆や親類衆・家老が、本拠や在番地に在城している際に、嫡男がどのような境遇にあったのかと比べてみないと、一概には性格付けできないからである。国衆である元康にとって、岡崎城はいうまでもなく本拠であったが、駿府屋敷もまた、親類衆としての本拠の性格にあったことであろう。さらに軍事最前線に位置したことから、出陣や他の城への在城なども想定され、その際に本拠を守備するのは、妻や嫡男の役割であったと考えられる。そのようなことを考えると、ここで竹千代が駿府にとどまっているのは、「人質」というよりも、親類衆としての本拠の性格にあった駿府屋敷の留守を守るものととらえることもできるであろう。

いずれにしても築山殿は、長女亀姫とともに、元康が岡崎城に帰還したことをうけて、駿府屋敷から岡崎に移って、同地で生活することになった。それまで二〇年ほどにおよんで生活していた駿府を離れるものとなった。このことに築山殿は、どのような感慨を抱いたのかはわからないが、何らか特別なものがあったに違いない。実際にも築山殿は、その後の生涯を岡崎で過ごすことになり、二度と駿府に戻ることはないのであった。

ちなみに築山殿の岡崎での居所について、岡崎城とは別所の「築山」と伝えられていたことは先にみた。しかしそれがこの時からのことであったのかはわかっていない。この段階ではまだ、元康は今川家に従属する立場にあった。その段階で、築山殿が岡崎城の外部に居住する意味はないようにも思われる。もっともこの時点では、築山殿のほうが、今川家御一家衆の出身ということから、元康よりも格上の立場にあり、そのため岡崎城とは別所の屋敷に居住した、ということも十分に想定できる。この問題については、戦国大名家において、当主家の娘が一門衆や国衆・家臣に嫁いだ際に、どのような居住形態をとるものであったのか、ということがわからないと認識できない。今後における研究課題といえる。

築山殿は、『石川正西聞見集』と「松平記」には、三河に移住したのちは、岡崎城とは別所の「築山」に居住した、と記載されていた。そのためここではそれらの記載を尊重し、岡崎領への移住の当初から、「築山」に居住したとみておくことにしたい。当然ながら、娘の亀姫も同様であったことであろう。また築山殿は、松平家の「家」妻として存在したとみなされるので、その役割も同所でとりおこなったに違いない。築山殿が果たした「家」妻としての役割について、具体的に知ることはできないが、岡崎城とは別所にありながらも、それを果たすことができたのであろう。そうしたなかで城中の「奥向き」の差配については、どのようにおこなっていたのか、気になるところではあるが、そのことをうかがうことができる史料は残されていないので、わからないとしかいいようがない。ただし今川義元の場合をみると、寿桂尼が「家」妻の立場にあった時に、寿桂尼は駿府館の外部に位置した「御屋敷」に居住しながら、その役割を果たしていたので（『今川のおんな家長 寿桂尼』）、外部に居住していても、「家」妻の役割を果たすことはできたことがわかる。そうすると築山殿の場合も、そのようなものと認識してもよいかもしれない。

元康の自立

元康は岡崎城に帰還したのちは、尾張東部・西三河で織田方との抗争を展開している。永禄三年（一五六〇）七月には尾張知多《ちた》郡で織田方と対戦している（戦今一五六一）。今川家も九月には軍勢を西三河に派遣し、抗戦している（戦今一七三八）。しかし織田方による勢力回復はすすみ、やがて西三河最西部（高橋郡域）は織田家に経略される。氏真はこの頃から、越後長尾景虎（のち上杉謙信）の関東侵攻により、駿（駿河今川）甲（甲斐武田）相（相模北条）三国同盟に基づいて、甲斐武田信玄とともに相模北条家への援軍派遣に対応せざるをえなくなり、織田方への十分な対応がとれなくなっていたとみられる。実際にも同四年三月に、氏真は自身、北条家への援軍として駿府を出陣している（戦今一六六二）。

こうした事態は、元康にとっては、織田方と抗争していくうえで、今川家からの支援が十分にうけられなくなったことを意味した。しかし元康は、国衆として、領国と家臣の存立を果たさなければならない立場にあった。そのため同年二月に、元康は織田信長と和睦を結ぶのであった。この行為が、今川氏真の了解をえてのことであったのかどうかは判明しないが、その後の元康の動向をみていくと、これは氏真に断ることなく、独自にすすめたものとみなされる。それはすなわち、今川家の従属下から脱し、自立を企図しての行動と考えられる。

さらに三月には、室町幕府将軍足利義輝《よしてる》への通交を開始した（愛11一五九三）。自己の存在を幕府の政治秩序に位置付けることを図ってのことであろう。閏三月には、西三河の反今川勢力を従属させた（戦今一六七二）。そうして四月初旬、今川方の東条吉良《きら》家を攻撃（戦今一六七八）、同月一一日に東三河における今川家の拠点であった牛久保城への攻撃を開始した（戦今一八五三）。これは明白な今川家への敵対行動であった。それについて今川家は、「松平蔵人敵対せしむ」「岡崎逆心」と表現し、謀叛行為と認識した。ここに元康は、織田信長との和睦をもとに、今川家から離叛し、一転して今川家との抗争を開始したのである（柴裕之「桶狭間合戦の性格」拙編『今川義元とその時代』所収）。

元康が今川家から自立を図ったのは、今川家からの保護が十分にうけられなくなったからと考えられる。『三河物語』では、元康は今川家による処置に忍従を強いられていて、それを克服する行為として表現しているが、それはいうまでもなく元康の「逆心」を正当化するための言い繕いにすぎない。その行動の意味を理解するには、実際に当時、元康が何を課題にしていて、どのような状況に置かれていたのか、ということをもとに考えなければならない。

元康にとっての課題は、国衆として領国と家臣の存立を果たすことであった。それは敵方勢力との抗争で領国を防衛し、その際には上位の戦国大名権力（ここでは今川家）から軍事的保護をうけて、それを果たすとともに、近隣の味方勢力との様々な紛争についても、上位の戦国大名権力の調停によって平和的解決が図られることが必要であった。ところが今川家は、桶狭間合戦での敗戦により、尾張東部・西三河で権威を失墜させてしまい、織田方勢力の攻勢が強まるようになっていた。元康の領国は、今川家と織田家との軍事境界地域に存在していた。今川家が織田方勢力の攻勢を排除できなければ、元康はほぼ独力で敵方勢力と抗争をしなければならないし、味方勢力との紛争についても十分な解決がおこなわれなくなってしまう。それでは今川家への従属を維持する意味がなかった。

そのような場合、国衆が一般的にとる手段は、頼りにならない戦国大名家を見限り、それまで敵対していた戦国大名と和睦し、あるいはそれに従属して、自己の存立を図る、というものであった。元康がそれまで敵対関係にあった織田家と和睦したのは、まさにそれであった。元康は織田家と和睦することで、それまでの敵方勢力との抗争を終息させることを優先したのであった。しかしそれは同時に、それまで従属していた今川家からは、謀叛と認識され、今川家から報復をうける結果になる。元康にとってそれは承知のうえであったろう。それでも織田方との抗争を続けるよりは、今川方と抗争するほうが自己の存立を果たしうる可能性は高い、と判断したのであろう。

こうして元康は今川家から離叛し、自己の軍事力と盟約する味方勢力との連携をもって今川家と抗争し、国衆としての存立を果たす選択をしたのであった。このことに築山殿はどのように反応したのかはわからない。築山殿にとって、今川家はその本宗家にあたり、生まれてこの方その庇護を受け続けてきた存在であった。今川家の存在は、とても大きなものであったに違いない。しかしこれからは、その今川家と絶縁状態になり、かつ熾烈な抗争を続けることが予想された。それは自身の存立基盤であった実家の家族とも絶縁状態になることでもあった。

築山殿は、そのような将来に、今川家御一家衆・関口家の娘という自身の存立基盤を消滅させてしまうことに不安を抱いたであろうか。あるいは松平家の「家」妻として、松平家の存立を最優先させて、今川家との抗争突入という事態を前向きに受け容れたのであろうか。とはいえ戦国大名家・国衆家の婚姻において、実家と婚家が敵対関係に陥る事態は珍しいことではない。築山殿は、戦国大名家の一員として、また国衆家の「家」妻として、そのような事態が生じる可能性は、十分に認識できていたであろうし、観念的にはその覚悟もあったに違いない。

それでもそれまでの今川家が、東海一の大規模な戦国大名として、安定的な存在であったことからすると、その可能性を深刻に認識していたかというと、そうではなかったであろう。しかし現実に、そのような事態になった。築山殿にとってそれは、劇的な環境の変化であったことは間違いない。加えて元康との関係でいえば、実家が今川家御一家衆であったことから、築山殿のほうが上位に位置していたが、これからは婚家の元康の立場が優位にならざるをえなかった。そこにも築山殿が置かれた境遇に、大きな変化があった。築山殿がそうした変化にどう向き合っていったのかは、いうまでもなくそれを伝える史料がないのでわからないが、築山殿にとって、これまでのなかでもっとも大きな人生の転機となったことは確かであろう。

第三章

家康との別居

嫡男竹千代の岡崎帰還

元康は牛久保城攻撃ののち、嵩山《すせ》西郷正勝《まさかつ》や田峯《だみね》領の菅沼小法師《こほうし》（定吉）を味方につけた。また松平一族の形原《かたのはら》松平家や東条松平家を味方につけ、それにともなって各地で元康方と今川方の抗争が展開された。そうして永禄四年（一五六一）六月には、「三州錯乱」と表現されるようになっている（戦今一七一二）。八月九日に、元康は西郡《にしごおり》領の国衆・鵜殿長照《ながてる》の本拠・上之郷《かみのごう》城（蒲郡市）を攻撃した（戦今一七三四）。攻略はできなかったものの、続いて長沢城（豊川市）を攻撃し、これを攻略した。さらに九月四日には大塚城（蒲郡市）を攻撃したが、これは攻略できなかった。そして一二月には、野田領の菅沼定盈《さだみつ》を味方につけた（戦今一七八〇）。元康の勢力は、確実に伸張をみせていた。

そのためか氏真は、将軍足利義輝に元康との和睦の調停を要請し、同五年正月二〇日付で、足利義輝から御内書《ごないしょ》（将軍が出す書状の様式の一つ）を出してもらっている。それは元康との和睦を実現するように、というもので、使者として公家の三条西実澄《さんじょうにしさねすみ》らが氏真のもとに派遣された。御内書は氏真にだけでなく、同盟者の北条氏康と武田信玄にも出された。氏真の和睦成立に協力させるためであった（戦今一六三六～九）。これと同時に、元康にも和睦を命じる御内書が届けられたことであろう。

元康はこの御内書を受け取る前か後かは判明しないが、二月六日に鵜殿長照の上之郷城を攻略し、城主鵜殿長照を自害させている（戦今一七九一）。これにより元康は、西郡領の経略を果たした。これをうけてのことかわからないが、氏真は自身、三河に出陣してきた。氏真が三河に出陣するのはこれが初めてであり、元康の離叛後における今川軍の本格的な軍事行動としても初めてになる。一六日付で小坂井八幡社に軍勢の濫妨狼藉《らんぼうろうぜき》（暴力による掠奪）禁止を保証する禁制《きんぜい》が出ているので（戦今一七九四）、その頃には三河に進軍してきたとみなされる。氏真は本格的に、元康撃退に乗り出してきたのであった。

またこの時期に、氏真が自身出陣してきたのは、正月における将軍足利義輝による和睦仲介をうけてのことと思われる。これに元康がどのように対応したのか判明しないが、足利義輝から和睦勧告が出されたことにあわせて三河に出陣することで、元康が和睦を受け容れればそこで和睦を成立させることができるし、元康が和睦を拒否すれば、それへの報復として、すぐさま元康を攻撃することができる。氏真はそのような思惑で、出陣してきたのであろう。

元康は結論として、将軍足利義輝による仲介にもかかわらず、これに応じなかった。その代わりに氏真とのあいだでは、捕虜とした鵜殿長照の子息二人（三郎氏長《うじなが》・氏次《うじつぐ》）と、駿府に残っていた嫡男竹千代（信康）との、人質交換がなされ、それにより竹千代は岡崎城に帰還することになる。

その鵜殿家は、西郡領を領国とした、三河国衆の有力者の一人で、その妻は江戸時代後期になると（『寛政重修諸家譜』）、今川義元の姉妹と所伝されるようになっている。しかしそれは事実ではない。これは関口氏純の場合と同様の事態とみられ、実際には今川家御一家衆の娘が、長照と結婚したのであろう。長照の子は、「氏長」「氏次」というように、今川家の通字「氏」を冠した実名を名乗っている。これは元服の際に、今川家から同字を偏諱として与えられたことを示している。今川家が通字を与えるのは、ほぼ御一家衆に限られていて、国衆には与えていない。このことからすると、鵜殿家の子息が通字を与えられているのは、御一家衆の娘を母としていたことによると考えられる。

ちなみに同様のことは、遠江高天神《たかてんじん》領の国衆・小笠原家についてもみられていて、やはり江戸時代後期になると、小笠原春茂《はるしげ》の妻が義元の姉妹と伝えられるようになっている（『寛政重修諸家譜』）。小笠原春茂の嫡男も、今川家から「氏」字を与えられて、「氏興《うじおき》」を名乗っている。国衆家が「氏」字を与えられていることは、基本的にはみられないので、この場合も、春茂に御一家衆の娘が嫁ぎ、そのあいだに生まれた氏興に、「氏」字が与えられた、と考えられる。このことからすると、今川家においては、御一家衆に通字の「氏」字を与えていたとともに、国衆家についても、御一家衆の娘と婚姻関係を結び、その所生の子には、御一家衆と同様に「氏」字を与えていた、という原則を見いだすことができそうである。このことは、今川家の家老で「氏」字を与えられていた、三浦氏員・氏満《うじみつ》父子、福島《くしま》氏春《うじはる》、朝比奈氏泰《うじやす》についても同様に考えることができるように思う。

元康も本来は、そうなることであったろう。元康も今川家御一家衆の娘を妻に迎えていたので、その所生の竹千代は、そのまま元康が今川家に従属していたならば、元服の際には「氏」字を与えられて、元康の康字に冠して「氏康」、あるいは元康の初名元信の信字に冠して「氏信」などと名乗ったかもしれない。しかしそのような時期にいたらないうちに、元康は今川家から離叛してしまったのであった。

諸史料が伝える人質交換

この鵜殿家子息二人と竹千代の人質交換については、元康から申し入れたものか、氏真から申し入れたものか、はっきりしない。その経緯については、江戸時代成立の信頼性の高い史料にみえているので、順にみていくことにしよう。

まず『三河物語』には次のように記されている（前掲刊本・一二二頁）。

竹千代（信康）を駿河に置きまいらせられて、御敵にならせ給いければ、竹千代様を今害死奉る、後に害死奉る、今日の明日のとののしれ共、関口刑部之少殿（氏純）の御孫なれば、さながら害死奉る事も無し。然れば石河伯耆守（数正）申しけるは、いとげなき若君御一人御生害させ申さば、御供も申す者無くして、人を見る目にも、すごすごとしておわしますべし。然れば我等が参りて、御最後の御供を申さんとて、駿河へ下りけるを、貴賤上下感ぜぬ事も無し。然る処に鵜殿長勿（長照）子供に人質替えにせんと（今川氏真から）申し越しければ、上下万民喜び申す事限り無くして、さらばと云いて帰させ給う。其の時、石河伯耆守御供申して、岡崎へ入らせ給う。上下万民続いて御迎えに出でけるに、石河伯耆守大髭くいそらして、若君を頸馬に乗せ奉りて、念じ原へ打ち上げて通らせ給う事の見事さ、何たる物見にも是に過ぎたる事はあらじとて見物する。

少し長い文章なので、意訳してみていきたい。竹千代は駿河に残されたままで、元康が今川家に敵対したため、今日、明日にでも生害させられるのではないかと思われていたが、外祖父が関口氏純であったことから、生害させられることはなかった。元康側近家臣の石川数正《かずまさ》（一五三二か〜九二か）は、竹千代が殺害される際に、御供する者がいないのは都合が悪いので、自分が御供をするといって駿府に赴いた。ちょうど今川氏真から鵜殿長照の子どもとの人質替えを申し入れられ、それにより（岡崎に）帰った。石川数正はその御供をして岡崎に入り、その様子を人々が歓喜して迎えた、というような内容である。ここでは人質替えは、氏真から申し入れられたものと記している。

次に「当代記」（前掲刊本・五頁）である。

尾州（尾張）信長と入魂有り、駿府へ敵対し給う、其の後三川西の郡鵜殿城（上之郷城）を攻め落とし、城主子共に竹千代主を替えられ、岡崎へ引き取り給う。

ここでは、鵜殿家の本拠・上之郷城を攻略して、城主鵜殿長照の子どもと竹千代を人質交換した、という簡単な内容が記されているにすぎない。

最後に「松平記」（前掲刊本・一〇五頁）である。

松井左近（忠次）鵜殿子共二人生け捕りにいたし、岡崎へ進上申し候、此の鵜殿比類なき忠臣故、駿河衆迷惑致し、其の比家康の御前・御子息竹千代殿駿府に人質に御座候、既に生害に及ばんとする所に、関口刑部殿は竹千代殿には祖父にて御座候、是は義元の妹聟なれば、色々御詫び言成され、いまにながらえ御座候を、岡崎衆石川伯耆守参り、色々なげき申し候て、関口殿を頼み、証人かえに致し和談に仕り、鵜殿が二人の子と竹千代殿と取りかえ候て、岡崎へ返し入り奉る、是は御元服の後、三郎信康と申しける若殿の事也、此の後猶も御手ぎれ成され、駿河と御不通のよし氏真いかり給い、御しゅうと関口刑部殿切腹申し付けらるる、是は氏真の伯母むこなれども、家康の御しゅうと成りとて此の如し、

これも少し長い文章なので、意訳してみていきたい。東条松平家家老の松井忠次《ただつぐ》が上之郷城を攻略し、鵜殿長照の子ども二人を生け捕りにして元康に差し出した。竹千代は駿府に人質に置かれていて、生害させられそうであったが、関口氏純が種々嘆願してこれまで生きながらえていた。石川数正が駿府に赴き、種々嘆願して、関口氏純を通じて人質（「証人」）交換の和睦を成立させて、鵜殿家の子ども二人と竹千代を交換し、竹千代は岡崎に帰ってきた。その後も元康は今川家に敵対を続けたことに氏真は怒り、関口氏純を切腹させた、というような内容である。

ここではまず、竹千代が生存し続けていたのは、関口氏純が氏真に取りなしていたことによるとみえている。そして人質交換については、石川数正が関口氏純を通じて氏真に申し入れ、成立させたことが記されている。さらにその後には、依然として元康が今川家へ

の敵対を続けたために、氏真はその行為に怒って、関口氏純を切腹させたことが記されている。

人質交換の実情

これら信頼性の高いとみなされる史料でも、その内容はまちまちになっていることがわかる。「当代記」は人質交換があったことを淡々と記しているにすぎないが、『三河物語』では、今川氏真から申し入れがあったと記し、それに対して「松平記」では、石川数正が関口氏純を通じて申し入れし、関口氏純の尽力によって成立したと記している。働きかけの主体が、正反対になっている。いずれが妥当なのかは、ともに後世成立の史料のため判断するのは難しい。しかし共通しているのは、交渉が駿府でおこなわれたことと、その際に元康側の代表者が石川数正であったこと、である。

しかしながら両史料はそもそも、元康が上之郷城を攻略した直後に、氏真が三河に進軍していたことを見逃している。そのことを前提に考えれば、人質交換の交渉は、氏真が三河に在陣しているあいだにおこなわれたとみるのが自然である。むしろ氏真が在陣していたからこそ、成立したとみることができる。その際に、関口氏純から氏真に働きかけてもらった、ということは十分にありうることであろう。また石川数正は、当時における地位は元康の側近家臣にすぎないので、今川方と交渉を担当したとは考えられない。交渉は、元康の家老が担ったに違いない。石川数正の役割は、両史料ともに、駿府に赴き竹千代を請け取って、岡崎城まで竹千代に同道したことがみえているように、実際に駿府から竹千代を引き取る役割を果たしたと考えられる。ちなみにこの石川数正は、のちに成人した信康に対して後見役を務めることになる。そうするとその端緒は、この時の役割にあったとみることができるであろう。

ところで竹千代は、元康が今川家から離叛し、敵対した時点で、生害させられる可能性があったことは、人質の属性からみれば、十分に考えられる。ところが実際には、一年近くのあいだ、生存を認められていた。それについて『三河物語』は、御一家衆関口氏純の外孫であったからとし、「松平記」は、その関口氏純の嘆願の結果、としている。どちらもありうるように思うが、御一家衆のなかで関口氏純がとりわけ実力者であったとは思われないので、むしろ御一家衆の外孫であったから、生存が認められていた、と考えることはできないであろうか。竹千代が存在していれば、やがていずれは元康に対抗する松平家当主として擁立しうる余地があったと考えられる。このことを踏まえれば、氏真は、元康に対抗する松平家当主の候補として、竹千代を温存していたとみることもできるであろう。そうであれば竹千代は、元康離叛後も、人質として処置されていたのでなく、関口氏純の家族として処遇されていた可能性が高いように思われる。

また「松平記」では、元康が今川家への敵対を続けたために、その責任を関口氏純に負わせて、切腹させたことを記していた。そのためこれまで、関口氏純は氏真に切腹させられたとみられてきた。しかし第一章で述べたように、氏純はその後も永禄九年までの生存が確認され、したがってそれは事実ではないことが明白になった。ただその際に注意されるのは、この永禄五年五月に、氏純が所領の一部を、氏真に返上していることである。そこにどのような理由があったのかは明らかでないが、時期からすると、元康との関係が原因であったと推測できなくもない。その場合は、人質交換により竹千代を手放さなくてはならなくなった責任をとってのこと、であったかもしれない。こののち氏純は、それまでのようには、今川家の外交において活躍することはなくなっている。竹千代の岡崎帰還が、氏純の政治的地位を低下させた可能性は十分にありうるであろう。

ともあれこれによって駿府に一人残されていた嫡男竹千代は、岡崎城に移ってきた。築山殿としても、おそらく二年近くぶりの再会となったことであろう。こうして築山殿は、再び二人の子どもと生活をともにするものとなった。ただ、竹千代が築山殿と同居したのかはわからない。竹千代はこの時、四歳にすぎなかったから、社会人として認知される八歳になるまでは、母親と同居したと思われるものの、一方で竹千代は元康の嫡男であったから、岡崎城で生活したと考えられなくもない。これについては、戦国大名・国衆家で当主と正妻が別所に居住していた場合、元服前の嫡男はどこに居住するものであったのか、基本的な在り方がわかれば解決できることであろう。今後における研究の進展をまちたい。

竹千代（信康）の婚約

竹千代は、岡崎城に移ってくると、ほぼ一年後となる永禄六年（一五六三）三月二日に、織田信長の長女・五徳《ごとく》（岡崎殿《おかざきどの》）と婚約したことが伝えられている。ただしそれを伝えているのは、「徳川幕府家譜」の信康の項（『徳川諸家系譜第一』三五頁）、『朝野旧聞裒藁』引用の「徳世系譜」「御九族記」など（前掲刊本・五〇六頁）、いずれも江戸時代後期に成立した史料である。そのためこれをただちに信用してよいか判断しがたいが、他に判断できる材料もないので、ここではその所伝を尊重しておきたい。この時、竹千代は五歳であった。ちなみに築山殿は、二一歳か二三歳くらいであった。

婚約者の織田五徳は、永禄二年一〇月一二日生まれとされる。これも「幕府祚胤伝」（高柳金芳校注『史料徳川夫人伝』所収）や浅草文庫本「織田系図」など、江戸時代後期成立の史料によるものである。しかしそのような所伝があること、他に有力な異説があるわけでないことから、ここではその所伝を尊重しておく。そうであれば竹千代とは同年生まれであった。この五徳については、すでに渡辺江美子・奥野高広・岩沢愿彦各氏の研究があり（柴裕之編『織田氏一門』所収）、五徳については、それらを参照して述べていくことにしたい。

五徳の母は、信長の妾と推定される織田家家臣・生駒家宗《いえむね》の娘（一五二八か一五三八か～六六）で、信長の嫡男となる信忠《のぶただ》（弘治三年〈一五五七〉生まれ）、次男の信雄《のぶかつ》（永禄元年生まれ）と同母のきょうだいであるとされる。五徳の名について、「織田家雑録」では、「信忠・信雄・岡崎殿三人一腹にて、五徳の足のごとくなりとて、五徳と名づけ玉うと云う」と記している。ただしそれらの所伝が必ずしもすべて正しいかはわかっていない。信忠の生年には異説もあり、五徳を信忠の姉とする異説もある。また信忠・信雄・五徳が、いずれも年子になっていることも気にかかる。信長の妻妾と子どもについては、ほとんど本格的に検討されていないので、不明なことが多いのが現状である。今後の研究の進展に期待したい。ここでは基本的には通説にしたがっておくことにする。

この婚約は、元康と織田信長の同盟成立を意味した。両者は、これより二年前の永禄四年二月に和睦を結んでいたが、それは基本的には停戦和睦にすぎなかったであろう。したがってこの婚約によって、両者は婚姻関係をともなう攻守軍事同盟を結んだとみなすことができる。元康と今川方との抗争は、ますます激しさを増すようになっていた。永禄五年七月から今川軍による反攻が展開されていて、八月二二日には西郡領の大塚城が奪還されている（戦今一八六六）。また牛久保領周辺での攻防が続いていた（戦今一八七六）。今川家との抗争は、元康にとって必ずしも順調にすすんでいたのではなかった。そうしたなか、織田信長と同盟を結ぶことで、軍事協力を獲得し、今川家との抗争に臨もうと考えたのであろう。それがこの時期に、信長との同盟を結ばさせたと思われる。

ちなみにその間の同五年正月に、元康が信長の本拠・尾張清須《きよす》城（名古屋市）に赴いて、会談したとする所伝がある。しかしこれについてはすでに、事実ではないとみなされている（平野明夫『徳川権力の形成と発展』）。実際にもこの時期、元康は三河で今川方と抗争を展開していたから、とても信長の本拠を訪問する余裕があったとは考えられない。

そもそも戦国大名・国衆家の当主が、相手方の本拠を訪問するということ自体、婚姻にともなう婿入り訪問・舅入り訪問以外には、ほとんど考えがたい。いずれも独立国家の国王の立場にあり、相手方の本拠に赴くことは、従属・降伏を意味してしまうからである。もし会談の必要があれば、それは互いの領国の境目でおこなわれた。天正一四年（一五八六）の徳川家康と北条氏政の会談は、駿河・伊豆国境でおこなわれたし、織田信長と美濃斎藤道三の会談も、尾張・美濃国境地域でおこなわれた。したがってこの時点で、元康が信長の本拠に赴くことはありえない。もしそれがおこなわれたとしたら、元康が信長に従属し、服属儀礼として参府したことになる。しかしこの段階で、元康は信長に従属する関係をとったとみることはできないから、この所伝は疑ってよい。

この竹千代の婚約に、築山殿はどう関わっていたであろうか。築山殿は元康の正妻であり、かつ竹千代の生母であったから、築山殿がこの婚約に関わっていなかったとは考えがたい。したがってこの婚約は、築山殿が承認することなしには実現されなかったはずである。そうすると築山殿は、織田信長との同盟形成に合意し、それにともなって竹千代の婚約にも同意したと考えられる。

ところがこれまでの通説的な見方は、織田家は今川家の仇敵にあたったことから、築山殿はこの婚姻に反対する立場をとっていた、もしくは不満をもっていた、というものであろう。このことに関する記述としても、「岡崎東泉記」に、

つき山殿は関口刑部殿御息女、御姫子様は信長公御息女にて、兼ねて御中もよからざりしに、

とあり、五徳が信長の娘であったため、仲がよくなかったと記されている。

しかしこれはそのままに信用してよいだろうか。この記述に続いて、信康（竹千代）と

五徳との夫婦仲が悪化することがみえている。同史料はその原因に、築山殿と五徳との不仲をみようとしているのであろう。かりに築山殿と信康が、五徳との仲が悪くなるということがあったとしても、それを五徳が信長の娘であるため、築山殿が当初から快く思っていなかった、というのは、今川家と織田家の関係にこだわりすぎといえ、当時の認識ではなく、はるか後世の人々の認識でしかないように思う。当時においては、政治勢力における合従連衡は当然のことであったから、それまで敵対していた政治勢力と一転して同盟を結ぶことはよくありえた。

しかも築山殿は、実家とは絶縁関係にあったから、その立場は、元康の正妻として、さらには松平家の「家」妻としてのものに特化していたと考えられる。そうであれば築山殿は、松平家の行く末、それにともなって子どもたちの行く末こそを、優先して考えたことであろう。そう考えていけばこの時、築山殿は、元康に同意して、松平家の存続のために、織田家との同盟の形成、それにともなう竹千代の婚約を必要なことと認識したであろう。ましてやそれに反対なり不満をもつことはなかったに違いない。

家康の三河領国化

そして元康は、永禄六年(一五六三)六月から(愛11二九五)、同年一〇月までのあいだに（愛11三〇〇）、実名を「家康」に改名した。こうして元康は、今川義元からの偏諱である「元」字を廃した。それはすなわち、今川家との完全な決別、今川家からの真の自立を表明するものであったといえよう。元康は、以前に今川家の保護をうけていたという過去を、今川家との抗争を続けるにあたって、あえて捨てたといえる。もっともこのような事例は、実は珍しい。戦国大名から偏諱をうけた実名を、その戦国大名から離叛したからといって改名するという事例は、新たに従属した戦国大名から偏諱を与えられない限り、ほとんどみられない。ただし家康の場合、他の戦国大名に従属することなく、全く自力でそれに対抗していた。そのためあえて今川家の影響を示すものを廃し、自立の気概を決定的に示す必要があったのかもしれず、そこに他との違いがあるのかもしれない。

また「元」字に変えた「家」字の由来については、はっきりしたことはわからない。家康の直系先祖に、「家」字を冠した実名はみられていない。だとすれば家康は、直系先祖に関わりなく、同字を選んだことになる。その場合に考えられることは、家康は源姓を称していて、清和源氏《せいわげんじ》の子孫を自認していたから、清和源氏の先祖からもってきた、ということになろう。それはすなわち源義家《みなもとのよしいえ》からであったろう。対抗関係にあった今川家は、それこそ義家の子孫で、その次男義国《よしくに》の子孫であった。家康はその今川家と抗争を続けるにあたって、今川家への対抗心を端的に表明するため、義家の一字をもってきたのかもしれない。

とはいえ家康の今川方との抗争は、必ずしも順調といえるものではなかった。しかもうち続く戦乱により、領国の家臣・領民に、多大の軍事負担を強い続けるものとなった。それが永禄六年一一月に、家臣の叛乱となって爆発した。いわゆる「三河一向一揆」である。ただこの叛乱は、そのように表現されてはいるものの、実態は領国内の一向宗寺院による叛乱にとどまるものでなく、直臣層による叛乱であった。さらにこれに東条吉良家や幡豆小笠原家などの周辺勢力が同調した。にもかかわらず、それが「一向一揆」と称されたのは、近年の研究によると、叛乱の主体を一向宗寺院に押しつけることで、家臣たちに、家康への帰属か一向宗寺院への帰属かを選択させるかたちをとって、決定的な家臣団の崩壊を防ごうとしたため、と理解するのが妥当のようである。

家康はここに、最初の大きな試練を迎えることになった。家臣たちの叛乱は、今川家との抗争が継続していて、その解決の見通しが立たないなか、軍事負担だけが際限なく課され続けて、家臣自らの領主としての存立が危機に陥るようになっていたためであったろう。家康からの軍事動員を拒否したことが叛乱と認識され、討伐されることになった、というのが実情であったと思われる。これに今川家からの支援が出されでもしたら、まさに家康の領国は解体しかねなかったであろう。

ところが幸いなことに、「三河一向一揆」が勃発した直後の一二月初めに、今川領国でも遠江国衆の叛乱が発生し、「遠州忩劇《そうげき》」という事態になった。事情は三河と同じであろう。家康との際限のない抗争の展開により、軍事負担がかかり続けたことで、領主としての存立の維持が危機に陥るようになり、同じようにして叛乱にいたったのであろう。そのため三河の一揆叛乱に、今川方から支援がおこなわれることはなく、逆に家康は、一揆鎮圧に専念することができた。家康という人物が、いかに強運であったかがわかる。これは家康にとって、最初の強運というべきものである。

そして家康は、同七年四月頃には一向宗寺院との和睦を成立させて、同年九月には他の叛乱も鎮圧することに成功したようである。そうして、西三河一帯（織田領国の高橋郡域を除く）の領国化を確立させるのであった。一揆鎮圧により、逆に松平家当主としての地位が確立され、しかも周辺の国衆を従属下に編成するにいたった。この時点で家康は、それまでの国衆という立場から脱皮して、西三河の戦国大名権力への成長をみせたといってよい。さらにその間、東三河国衆の作手奥平家や二連木《にれぎ》戸田家などを従属させ、六月からは今川家の東三河支配の拠点であった吉田城（のち豊橋城、豊橋市）と田原城（田原市）への攻撃を開始している。

他方の今川家では、まだ「遠州忩劇」を鎮圧できていなかった。今川方の勢力が、相次いで家康に従属してきたのは、そのためであった。今川家の支援がえられないなかで、家康方と抗争を続けることは難しかったためであろう。それでも今川家は、九月末にようやく「遠州忩劇」の鎮圧を果たした。これにより今川家は、家康方との抗争に専念できるかにみえた。

しかし家康は、今川方による反攻が本格化するより前に、永禄八年三月に、吉田城と田原城の攻略を遂げる。これにより東三河のほとんどが、家康の領国に併合された。抵抗を続けたのは、牛久保領の牧野成定《なりさだ》くらいであった。さらに同年一二月、遠江引間《ひくま》領の飯尾連竜を内応させ、遠江国衆の切り崩しを開始している。飯尾連竜は家康への内応が露見し、今川氏真によって成敗されている。しかしこれにより、氏真は引間領の統治にあたらざるをえず、三河に援軍を派遣する余裕はなくなっていた。

「徳川家康」の誕生

そして永禄九年（一五六六）五月、家康は牛久保牧野家を従属させて、東三河一帯の領国化を遂げるのである。これにより家康は、三河一国をほぼ領国化し、すなわち三河国主の地位を確立するのであった。こうして家康は、三河一国を領国とする戦国大名として存在するようになった。家康はこの政治的立場を、さらに日本の政治秩序に反映させるべく、摂関家近衛前久《このえさきひさ》を通じて、朝廷に、徳川名字への改称と、受領名三河守《みかわのかみ》への任官を要請した。そして一二月に、徳川名字改称と従五位下《じゅごいのげ》の位階と三河守の官職を与えられた。

ここに家康は、名字を松平から徳川に改称し、「徳川家康」を称することになった。それは家康が朝廷に、三河の戦国大名であることを認知してもらったことを意味した。なお本来は、官位は室町幕府将軍を通じて与えられるものであったが、この時はちょうど、将軍が不在であった。そのため家康は、公家筆頭の近衛家を通じて朝廷に申請したのであった。ただ申請が藤原姓の近衛家を通じてのものであったため、家康も藤原氏の一員という体裁がとられ、それにともなって源姓から藤原姓に改姓している。家康は、以後しばらくは、「藤原家康」となった。

家康が名字を改称し、受領名を獲得したのは、三河一国の戦国大名化を遂げたことをうけて、それを政治的に表現するためであった。三河守の官職は、三河一国を統治する政治的地位を表現するものなので、それは周囲の戦国大名・国衆に向けてのアピールであった。それまでであれば、一国の政治的支配者の地位を表現するものは、室町幕府から任命される守護職《しき》であったが、先にも触れたように、この時期は将軍は不在であったから、守護職を獲得することはできなかった。そのため家康は、守護職とならんで、一国の支配者を表現する国司への任官を選択したと考えられる。その状況は他の戦国大名でもみられていて、織田信長は尾張守《おわりのかみ》、武田信玄は信濃守《しなののかみ》、北条氏康も相模守《さがみのかみ》を名乗っている。

それに対して徳川名字は、むしろ国内へのアピールであった。徳川名字に改称したのは、当主の家康だけであった。一般的に考えれば、その子も名字を改称したと思いがちであろう。これは江戸時代の人も同様のようで、長男信康・次男秀康《ひでやす》について、「徳川信康」「徳川秀康」と表記するものもみられている。しかし実際には違っていた。のちに触れるが、嫡男の信康は「松平三郎」を称していて、徳川名字を称していない。秀康についても、徳川名字を称したことは確認されない。このことから徳川名字は、あくまでも当主家康だけに認められたことがうかがわれる。ちなみに家康の子が徳川名字を称するのは、家康生前では、嫡男秀忠と、九男義直《よしなお》（前名義利《よしとし》）・十男頼宣《よりのぶ》（前名頼将《よしまさ》・頼信《よりのぶ》）だけであった。家康は徳川名字については、当初から使用を限定していたことがわかる。なお同様のことは、小田原北条家が、伊勢名字から北条名字に改称した当初の時期や、上野国衆の由良《ゆら》家が、小野姓横瀬《よこせ》名字から源姓由良名字に改称した場合にもみることができる。

この名字の限定ということからいえるのは、徳川名字の使用は、松平名字との差別化にあったとみなされる。三河には多くの松平一族が存在していた。名字が同じでは、それとの差別化が図られない。しかも家康の家系は、松平一族の惣領であったわけでもなかった。父広忠からは、実力により惣領的な地位になっていたが、対抗していた一族も存在していたし、それは家康による三河領国化の時期においても同様であった。家康は、三河の領国化を遂げたことで、他の松平一族から超越する存在となり、それを政治的に表現する仕掛けが必要になった。その手段として最適であったのが名字改称であった。家康は三河国主の名字として徳川名字をつくりだし、それを自身だけが称することで、他の松平一族から超越した徳川家という存在をつくりだしたのであった。

竹千代（信康）と五徳の結婚

家康と今川家の対立関係は、その後も続いた。しかし永禄一〇年（一五六七）から同一一年一一月までの時期について、両者の抗争は具体的には確認されない。今川家では同一一年八月から九月にかけて、三河に対して「新城」を構築していることが知られ（戦今二一八一・二二八八）、家康への備えをすすめていたことがわかるが、具体的な抗争はみられていない。家康は領国化した三河の統治の確立に、今川家は叛乱を鎮圧した遠江の領国支配の再構築に、それぞれ専念せざるをえなかったのかもしれない。

そうしたなかでおこなわれたとされているものに、竹千代と五徳の結婚がある。結婚は、同年五月二七日におこなわれたことが伝えられている。しかしこれについても、後世成立の史料にしかみえない。そのなかで比較的に早い時期に成立した史料に、『武徳編年集成』

巻八があり、そこには次のように記されている（前掲刊本上巻・一〇六頁）。

織田信長の息女徳姫を以て、神君（徳川家康）の宗子三郎信康君の室となし、岡崎へ入輿あり、信長佐久間右衛門尉信盛を以て送らしむ、生駒八右衛門（家長）・中島与五郎を徳姫に附けらる。信康君・徳姫君共に今年九歳なり。

このように『武徳編年集成』は、竹千代の結婚を永禄一〇年、九歳の時のこととしている。この所伝は、以後の史料の多くに継承され、そのためもあって現在では、これが通説になっている。ところがそれより成立が早い「松平記」は、元亀元年（一五七〇）の部分に（前掲刊本・一二六頁）、

家康の惣領竹千代を、信長のむこになされ、互いに御入魂にて御合力と聞こえべし、

と記している。ただし月日の記載はみられていない。

ここでは結婚を元亀元年、一二歳のこととしている。史料の信頼性からみれば、「松平記」のほうを採用すべきとなる。しかしこの場合については、『武徳編年集成』の内容の

ほうが妥当と考えられる。というのは、信康と五徳の結婚は、元亀元年以前におこなわれていたことが明らかだからである。

竹千代と五徳が結婚していたことが確認できる最初は、元亀元年一一月になる。つまり、竹千代と五徳はそれ以前に結婚していたことがわかる。同年に推定される一一月二九日付の織田寄妙丸《きみょう》（信忠）書状があり、そこに近江《おうみ》長命寺（近江八幡市）のことに関して「岡崎」から申し入れがあったことが記されていて、その「岡崎」は、五徳にあたるとみなされ、これによってその時期には、五徳は信康と結婚して岡崎城に在城していたことがわかる（前掲奥野論文）。またこれによって、織田家が近江を領国化したのちに（永禄一一年以降）、五徳が織田家から、長命寺領のなかから所領を与えられていたことも知られる。これは実家から結婚した娘に与えた所領であり、「化粧料」などと呼ばれるものになる。

これにより竹千代と五徳の結婚が、元亀元年一一月以前のことであったことは確認できる。『松平記』は、結婚の時期を記していないが、同年の一一月以前、例えば『武徳編年集成』が伝えている五月二七日とみることはできないのであろうか。結論からいえば、その可能性を完全には排除できないものの、まずないと考えられる。というのは、信長はその年四月下旬から越前朝倉家攻めをおこない、同月末には京都に敗退して、五月二一日に岐阜（岐阜市）に戻っている。そして六月一九日に近江に向けて出陣しており、しかもその間、家老佐久間信盛《さくまのぶもり》は近江にあって敵方と抗争しているのである。そうした状況のため、その年の五月下旬に、竹千代と五徳の婚儀がおこなわれたとは、まず考えられない。

そうすると結婚は、同年以前のことであったと考えられる。その場合、具体的に所伝されているのが、『武徳編年集成』が伝えている、永禄一〇年五月二七日である。ちなみに結婚時期については、他の所伝もあり、元亀二年五月二七日と伝えるものが存在している。それは江戸時代後期成立の「柳営婦女伝系」のなかの「清池院殿之伝系」に、「同（元亀）二年辛未五月廿七（二七）日、信長公姫君を以て、遠州浜松城において御婚姻有り」とある（『徳川諸家系譜第一』一四三頁）。また『朝野旧聞裒藁』引用の「尊系略」にも、同日の日付で記されている（前掲刊本・八五七頁）。しかし先に記したように、結婚は元亀元年以前であることは確実なので、これらの所伝は、そもそも成立しない。したがって『武徳編年集成』の所伝を尊重するのが適切になる。『武徳編年集成』は、何らかの確かな典拠をもとにして記されたのだろう。

五徳との結婚の様子については、『武徳編年集成』の記載をそのまま採用することができる。五徳は、織田家家老の佐久間信盛によって送られたという。佐久間信盛は、この後、信長から家康への取次としてみえているので、これもその役割によるとみなすことができる。ただし婚礼行列の送りは、実際には領国境までであったように思う。三河国境まで送ってきて、そこで徳川家の軍勢が請け取ったと思われる。そうした在り方が、戦国大名同士の結婚における婚姻行列としては通常のことであったからである（『北条氏康の妻 瑞渓院』）。また付け家臣として、生駒家長《いえなが》・中島与五郎の名があげられていた。生駒家長は、五徳の母の兄、すなわち伯父にあたる。こうした人々が、織田家から五徳の家臣として送られていたことが知られる。

この五徳との結婚によって、竹千代は信長の娘婿という、その一門にも準じる存在となった。また五徳は、その後は、「尾張（おハり）御新造様」と称された（『家忠日記』前掲刊本・六四頁）。これはもちろん、この時の織田家の本拠が尾張小牧山《こまきやま》城（小牧市）であったことによる。そして織田家では五徳のことを、先にみたように、「岡崎」と称したのであった。

家康の浜松移住

さて家康が今川家への軍事行動を展開するのは、永禄一一年（一五六八）一二月からのことであった。それは武田信玄と同盟し、信玄が今川領国に侵攻したのにあわせて、遠江の今川領国への侵攻を開始したものであった。一二月のうちに井伊谷領や二俣《ふたまた》領を経略し、同一二年正月には犬居《いぬい》領の天野藤秀《ふじひで》や高天神領の小笠原氏助《うじすけ》らを従属させた。そうして早くも、駿河から後退してきた今川氏真が籠城していた懸川城《かけがわ》(掛川市)を攻囲した。この時、今川方として抵抗を続けたのは、この懸川城と、遠江西端に位置した宇津山城《うづやま》(湖西市)くらいになっていた。家康はほぼ一瞬のうちに遠江のほとんどを勢力下におくようになっていた。

ところがこの正月のうちに、武田家との関係の悪化がはじまる。武田軍は信濃から遠江にも進軍してきていて、それがすでに家康方になっていた地域であったのである。これについて家康は、武田信玄に抗議し、信玄もそれを容れて、遠江に進軍した軍勢を後退させている。その一方で、今川家に味方した小田原北条家の軍勢が、駿河河東《かとう》地域をほぼ占領していて、武田軍はそれを撃退できずにいたため、甲斐との通路を絶たれかねない状態に陥っていた。そのため武田信玄は、四月に一旦、甲斐への帰国を余儀なくされるのであった。

武田軍の行動が思わしくない状況のため、このままでは家康は、単独で懸川城の攻略と、北条家との対戦にあたらなければならなくなってしまう。それは家康にとっては、荷の重いことであったろう。そこで家康は、三月頃から北条家と懸川開城について交渉するようになる(愛11六四七)。そして五月九日に和睦を成立させる。今川氏真は同城を出て、北条方の駿河東部に退去した。家康は懸川城を接収し、それをうけて宇津山城など他の今川方諸城もすべて家康方に服属した。そうして六月には、家康は遠江一国の経略を遂げるのであった（海老沼真治「武田・徳川氏の今川領国侵攻過程」柴裕之編『徳川家康』所収）。

ところがこの懸川開城の和睦には、武田信玄が不満をもち、当時、同盟関係にあった織田信長に、その家康の行為についての見解を問い、あるいはその行為は家康による契約違反であると訴えて、せめて家康に北条・今川両家への敵対行動をとるよう指示することを要請している（愛11六四七・六五八）。信玄は、「家康は専ら信長の御異見を得らるる人」と、家康を信長の配下にある存在とみなしていた（愛11六四七）。家康の存在を、対等の戦国大名とは認識していなかったのである。信玄は明らかに、家康を侮っていた。これらのことが、家康と武田信玄の双方で、互いに不信感を募らせていき、翌年には一転して敵対関係となるのであった。

さて家康は、遠江一国の経略を遂げると、遠江に本拠を移転することを企図した。そして永禄一二年七月一日に、国府所在地であった見付《みつけ》（磐田市）に、新たな本拠の築城を開始し、九月に完成した（前掲海老沼論文）。これについては「当代記」にも、「秋より翌春中迄、遠州見付城普請これ在り」とある（前掲刊本・一〇頁）。ここでは築城工事は翌年春（正月から三月）までかかったという。おそらく九月の完成は、城として機能しうる状態のことで、春までかかったというのは最終的な完成のことであったろう。こうして家康は、見付城に本拠を移した。

しかし家康は、完成してすぐの元亀元年（一五七〇）六月に、信長からの助言によって、本拠を見付城から引間城に移すことにし、同城の再興工事をすすめ、引間城の名を浜松城に改めて、九月一二日にその本城に入城したという（「当代記」前掲刊本・一四頁）。この年の家康は、四月の若狭・越前侵攻、六月の近江姉川《あねがわ》合戦と、信長の軍事行動に従軍していた。ただそれは信長が擁立した将軍足利義昭《よしあき》の命によるものであったから、家康が信長の従属下に入っていたわけではなかった。とはいえ実態としては、信長の軍事指揮下に入っていたことに違いはなく、従属関係が形成されつつあったとみることができる。

その信長から、本拠を浜松に移転するよう意見が出され、家康はそれを容れて、九月に浜松城に本拠を移したのであった。信長からの意見は、単なる助言であったのか、あるいは聞き入れざるをえないものであったのか。すぐには判断できないが、せっかく完成させた新城を捨ててまで、浜松城を再興して移転していることからすると、信長からの意見は、簡単に断れるものではなかったように思われる。こうしたところに、信長と家康とのあいだに、上下関係が生まれるようになっていたとみることができる。そうすると前年に武田信玄が、家康を信長の配下と認識していたことは、あながち間違いではなかったのである。

これら家康による本拠の移転に、築山殿は同行することはなかった。築山殿はその後も、岡崎の築山屋敷に居住し続けた。そのためこの時をもって、家康と築山殿は、完全な別居生活を送ることになった。結婚してから一五年目のことであり、家康は二九歳、築山殿は二九歳か三一歳くらいのことであった。すでに両者のあいだは、亀姫が生まれてから一〇年が経っていた。その間に、他の子どもを妊娠したり、産んだりしたことがあったのかどうかはわからない。死産や早死は珍しいことではなかったからである。ただこの時、築山殿も三〇歳を過ぎるようになっているので、当時においては、子どもの出産からは引退してもおかしくない年齢になっている。そうしたことからすると、この別居にはとくに問題がなかったともいえる。

しかし築山殿は、家康の正妻にして徳川家の「家」妻の立場にあった。その役割はどうなるのであろうか。家康の浜松城にも、当主の生活空間である「奥向き」が形成される。岡崎に居住を続ける築山殿が、果たしてそれまでのように「奥向き」を統轄できたのかどうか疑問が生じてこよう。築山殿が直接に、浜松城の「奥向き」を統轄することはできなくなり、浜松城にはそれに代わって務める女性家老（女房衆、「上﨟《じょうろう》」など）が置かれたことは間違いないであろう。しかしそれは、築山殿が差配したとみるのが常道とみなされる。そうすると浜松城の「奥向き」の統制にあたった女房衆は、築山殿が指名したに違いない。築山殿は、そうした女性家臣を通じて、徳川家の「奥向き」の統轄を続けたことと思われる。

また二人の子どもについてはどうであったろうか。長女の亀姫は、まだ一一歳にすぎなかったことからすると、それまで通り、築山殿と同居を続けたことであろう。対して一二歳になっていた嫡男の竹千代はどうであったろうか。岡崎城在城の時点で、築山殿の屋敷ではなく、城内に居住していたとみなされるから、基本的には嫡男として、家康に同行したと考えられなくもない。しかし竹千代は、先に触れたように、元亀元年一一月には依然として岡崎城に在城していた。したがって竹千代は、家康には同行しないで岡崎城で居城を続けていた。このことから家康は、遠江移転に際して、当所から自身は浜松城（最初は見付城）にあって、竹千代を岡崎城に置き続けて、徳川領国の支配体制とする構想にあったとみなされる。その場合、竹千代の生母である築山殿が、そのまま岡崎に居住し続けたことは、当然のこととして理解できる。

いずれにしろ家康の遠江への本拠移転は、築山殿の生涯のなかでも、大きな転機の一つとなることは間違いない。これから別居生活を送っていくなかで、家康との関係や、あるいは家康と竹千代（信康）との関係に、変化がみられていくことになる。もし同居を続けていたらその様相は変わったかもしれない。しかしこの時の家康は、おそらくは三河と遠江の二つの領国を安全に維持するうえで、夫婦の別居、父子の別居が最適と判断したことであろう。むしろこの時の家康には、そのような判断しか選択の余地はなかった、という観点から理解していくことも必要のように思う。

嫡男信康の元服

竹千代の元服について、その時期は必ずしも確定されているわけではないため、あらためて検証することにする。なお竹千代は元服すると、信康を名乗るので、ここからはその名で記していく。

まず「松平記」の記載をあげる。元亀元年（一五七〇）の部分に、信康の結婚に続いて（実際には永禄一〇年のことであることは先述）、元服について記されている（前掲刊本・一二八頁）。

> 同（八月）廿八・九日又能これ有り、是は竹千代殿今年十三歳御元服成され、岡崎次郎三郎信康と申し候、御しゅうとの信の字・御父の康の字御取りなされ候、其の御祝いの御能なり、初日九番の御能あり、三郎殿も成され候、

ここには八月二八日・二九日に、信康の元服祝儀のために能が催されたことが記されて

いる。元服式の日にちまでは記されていないが、二八日のことであろう。そして仮名は「次郎三郎」、実名は、岳父信長と父家康の一字ずつをとって、「信康」を名乗ったこと、同日の能では、信康も舞ったことが記されている。

ただしここではその年齢を「十三歳」としている。信康はこの年には一二歳であり、「十三歳」は翌年にあたる。ここに同史料の記載について、ある種の混乱をみることができる。また仮名についても、信康の仮名は正しくは「三郎」である。次郎三郎の仮名は、『三河物語』にそのように記されているものの、おそらくそれは、松平家歴代の仮名を「次郎三郎」とする認識から記しているにすぎないと思われる。

この能に関しては、「松平記」よりも史料性が高いとみなされる「当代記」に記載がある。しかしそれは、翌年の元亀二年のこととして記載されている。その記載は次のようである（前掲刊本・一五頁）。

同（八月）廿六日、遠州（遠江）浜松において観世宗雪入道・同左近大夫能仕る、家康公も同じく能し給う、同廿八日、又能右同前、初日は九番、後日十五番これ有り、此の時は岡崎三郎信康主能し給う、家康公一男也〈年十三〉、ここでは能の催しは、八月二六日と二八日のことになっている。そして信康が舞ったのは、二八日のこととなっている。ここには信康の元服については記されていない。しかし年齢については、正しく一三歳と記し、その仮名は「三郎」と記しており、いずれも事実に合致している。

これらの史料から、信康の元服については、元亀元年と同二年の二説がみられていることがわかる。どちらが正しいかというと、それは元亀二年である。というのは、元亀元年の八月は、家康は将軍足利義昭と織田信長からの軍事動員に応えて、摂津《せっつ》に出陣しているからである。そのためその時に、信康の元服と、それにともなう能を催すことは無理である。したがってその時期は、「当代記」が伝える、同二年八月が正しいと判断できる。実際にも「当代記」の記載内容には、「松平記」のそれよりも詳しく、正確さが感じられる。

以上のことから、信康は元亀二年八月二八日に元服した、とみなすことができそうである。信康は一三歳であった。そして元服して、仮名三郎と実名信康を名乗った。ここに信康は、家康の嫡男の立場を確立するものとなった。ちなみに名字は松平のままで、「松平三郎」を称した（愛11一一一四）。父は「徳川三河守」を称したから、父子で異なる名字を称す状態になっている。

また信康は、元服にともなって、岳父の信長から「信」字を与えられて、父家康の下字に冠して、実名「信康」を名乗った。ここで注意しておくべきは、「信」字の位置が上字に置かれていることである。これは上位者からの偏諱とみなさざるをえない。すなわちこれにより、この時期の家康は、実質的に信長の従属下に位置していたことが示されている。嫡男の元服にともない、偏諱を与えることは、従属大名・国衆への一般的な行為であったからである。ここに徳川家は、信長配下の大名としての立場になっていたとみることができる。そうすると信康と五徳の関係も、対等の夫婦ではなく、五徳を上位とする関係であったことがうかがわれる。それは今川時代の家康と築山殿の関係と同じといえる。

こうして家康の嫡男竹千代は、元服し、信長から偏諱を与えられて三郎信康を名乗った。なお仮名は祖父広忠のものを襲名したものになる。父家康の仮名次郎三郎を襲名してもよさそうだが、そうなっていない理由はわからない。曾祖父清康の仮名が次郎三郎であったことから、あるいは松平家では、仮名は次郎三郎と三郎を交互に称する慣習でもあったのかもしれない。

ところで元服は、家康が在城する浜松城でおこなわれている。しかし信康は、前年には家康とは別居して、岡崎城に在城していた。このことから信康は、元服の儀式のために、わざわざ浜松城に赴き、そこで儀式をおこなった、ということになる。

第四章　岡崎城主・信康

岡崎城主としての信康の立場

元亀二年（一五七一）八月に一三歳で元服した信康は、その後は岡崎城主として存在した。信康は先に述べたように、元服以前からそのまま岡崎城に在城していた。したがって元服したことで、正式に岡崎城主として位置したと考えられる。それに関わるとみなされるのが、一〇月二日付の家康の書状である（『愛知県史資料編14』補三三一号）。

返す返す三郎（信康）儀、其の方に任せ候、此の刀の儀は納戸に御置き候べく候、一衛門申すべく候、
其の方儀は三郎に付き、留守の事尤もに候、此の国衆人質あせりことごと取り申し、御心安く候べく候、三郎の事其の方に任せ申し候、恐々謹言、
十月二日　　家康（花押）

（現代語訳）

追伸、三郎のことはあなたに任せます、この刀については納戸に置いておきなさい、一衛門が伝えます。

あなたは、三郎に付属して（岡崎城の）留守を務めるようにしなさい、三河の国衆

（三河に本拠をもった家臣）から人質を悉く取って、安心できるようにしなさい、三郎のことはあなたに任せます。

この家康書状は、宛名が欠けているが、信康の傅役《もりやく》（守り役）の平岩親吉《ひらいわちかよし》（一五四二～一六一〇）に宛てたものと推定されている。年代についてはこれまで、信康の元服は前年のこととみなされていたため、元亀元年に比定されてきたが、信康の元服は同二年のことであるから、この文書の年代は、この元亀二年に比定するのが適切となる。そのためこれは、元服から一ヵ月ほどのちに出されたものになる。文面から、家康と信康が別所に居住したことがわかり、平岩親吉は信康に付属してそれを補佐し、留守を守備するよう命じられているから、その留守とは岡崎城のことと理解できる。信康は、元服する以前から岡崎城に在城していたが、ここでその留守役が任命されたということは、信康が城主に位置付けられたことに対応しているとみることができる。

なお信康が、元服後に岡崎城に在城したことについては、『三河物語』からもうかがうことができる（前掲刊本・一五二頁）。翌元亀三年一二月二二日の遠江三方原《みかたがはら》合戦で、家康は武田信玄に敗北するが、家康家臣の山田平一郎（正勝）が、「岡崎迄逃げ行きて、次郎三郎様（信康、正しくは「三郎」）の御前にて、大殿様（家康）は御打死を成され候と申し上げ」たことが記されている。その時に信康が岡崎城に在城していたことがわかる。在城はそれ以前からであったことが、ここからもわかる。

そしてそこでの立場は、岡崎城主であった。しかし信康はまだ一三歳にすぎなかった。平岩親吉が、実質的に岡崎城の守備を担うのはそのためであった。しかしそれだけでなく、信康には城主としての権限は、事実上は全く認められなかったことがわかっている（新行紀一「岡崎城主徳川信康」・「信康・築山殿事件」柴裕之編『徳川家康』所収）。

岡崎城は、三河支配の拠点であった。そのため本来ならば、岡崎城には、在城衆が編成され、それら在城衆の徳川家臣や領国に対する租税の賦課・徴収を担うことになる。ところが信康にはそうした領国統治に関わる権限は一切認められていない。それらは依然として、浜松城の家康によっておこなわれた。家康は浜松城から、遠江・三河両国について、領国統治を一元的におこなったのであった。また三河在国の家臣に対する軍事編成についても、西三河衆については家老になった石川数正に、東三河衆については家老筆頭で吉田城主とされていた酒井忠次《ただつぐ》（一五二七〜九六）に、それぞれ任されていた。信康が編成した軍勢は、自身の馬廻《うままわり》衆にすぎず、したがって信康は、三河衆の軍事指揮を担ったわけでもなかった。

信康に認められていた権限は、岡崎城を維持するために設定されていた直轄領（こうしたものを城付領《しろつき》という）支配や岡崎城下町支配に限られていたとみなされる。したがって岡崎城の普請《ふしん》（土木工事）のための、家臣・領民に対する租税の賦課も、浜松の家康からの指令によりおこなわれた。その意味では、信康の城主としての立場は、わずかに岡崎城に居住して同城を管理し、城下を支配する程度のものでしかなかった。

岡崎城はそもそも、家康のかつての本拠であるとともに、曾祖父清康以来の本拠でもあり、三河支配の拠点として存在し続けてきた。家康は自身は浜松に移ったものの、そうした性格にあった岡崎城を、徳川家の直轄として維持しておく必要を認識し、そのため嫡男の信康を配置したのであろう。いわば信康は、岡崎城が徳川家の直轄城郭であり、三河支配の拠点として機能させ続けるための、シンボルの役割であったと考えられる。

ただそのような状態が、将来にわたっても続いたかどうかはわからない。信康は城主になった時、わずか一三歳であったから、当然ながら、具体的な家臣団統制や領国統治の力量はないので、それらについては家康があたるしかなかったであろう。しかし信康が成長をみせていけば、領国統治についての権限分与がおこなわれた可能性は十分にあったと思われる。信康は天正七年（一五七九）に死去するが、その時でも二一歳にすぎなかった。その年齢は、ようやく家督を譲られるようになる年齢であった。例えば、今川氏真は二〇歳の時に、父義元から家督を譲られており、北条氏政は二一歳の時に、父氏康から家督を譲られていた。それらと照らし合わせれば、信康もまたその年頃に家督を譲られるなり、領国統治の一部を分担するなりのことがみられたとして不思議ではない。しかし信康の場合は、そこにいたるまでのあいだに、父家康と政治対立してしまうのであった。

信康の傅役・家老や直属の家臣団については、新行氏の研究に詳しい。信康の傅役兼家老については、平岩親吉と石川春重《はるしげ》（数正の一族）・鳥居氏（九兵衛《きゅうひょうえ》か、元忠の一族か）があったとみなされている。ただし石川春重の活動については、実際には確認されておらず、鳥居氏については、のちに鳥居九兵衛が岡崎「城主」としてみえているので（「岡崎東泉記」）、城代を務めたのであろうか。しかし信康の家老としての活動は、平岩親吉のみが担っていた状況にあった。あるいは家老としての役割に、大きな格差があったのかもしれない。また西三河衆への統制は、石川数正と平岩親吉があたっていることが知られる（『家忠日記』愛11一二九二）。石川数正は、西三河衆の寄親であったことによる関わりとみることができるが、岡崎城はその西三河支配の拠点であったので、その関係から信康の補佐的な役割をも果たしていたのではないかと思われる。

また信康の直臣団については、八〇名ほどが検出されている。その構成者は、徳川家譜代家臣や松平一族の庶流にあたるものがほとんどであった。しかしこれは当然のことで、信康はまだ家康の嫡男の立場にすぎず、その家臣団は、信康の馬廻衆・近習衆の性格にあった。その構成者が、譜代家臣や松平一族の庶流から選抜されるのは当然のことなのだ。それらの嫡流家は、家康の家臣であったからである。嫡流家なのに信康に付属されたのは、家老の平岩親吉だけであった。それは家老となるからこそであった。ただこれについても、信康に領国統治の権限が分与されるようになれば、その他の嫡流家も付属されるようになったかもしれない。

そして家老の指揮のもと、岡崎城下町の施政にあたる存在として、岡崎町奉行が置かれていて、松平新右衛門《しんえもん》・江戸右衛門七《えもんしち》・大岡弥四郎の三人があったという。松平・江戸両者については詳しいことは判明しないようだが、町奉行として存在したことは確かなようだ。大岡弥四郎は、後世には「大賀弥四郎」と伝えられる存在にあたる。譜代家臣大岡氏の出身で、もとは家康の近習であったらしい。この大岡弥四郎は、のちの天正三年に謀叛事件を起こすことになる。それについてはあとで取り上げる。

信康の初陣はいつか

信康は、岡崎城主としてはまだ一人前ではなかったが、初陣することで、武将として一人前にはなった。しかしその初陣については、当時の史料には伝えられていない。わずかに後世成立の史料に記載があるにすぎない。『武徳編年集成』では、天正元年（一五七三）

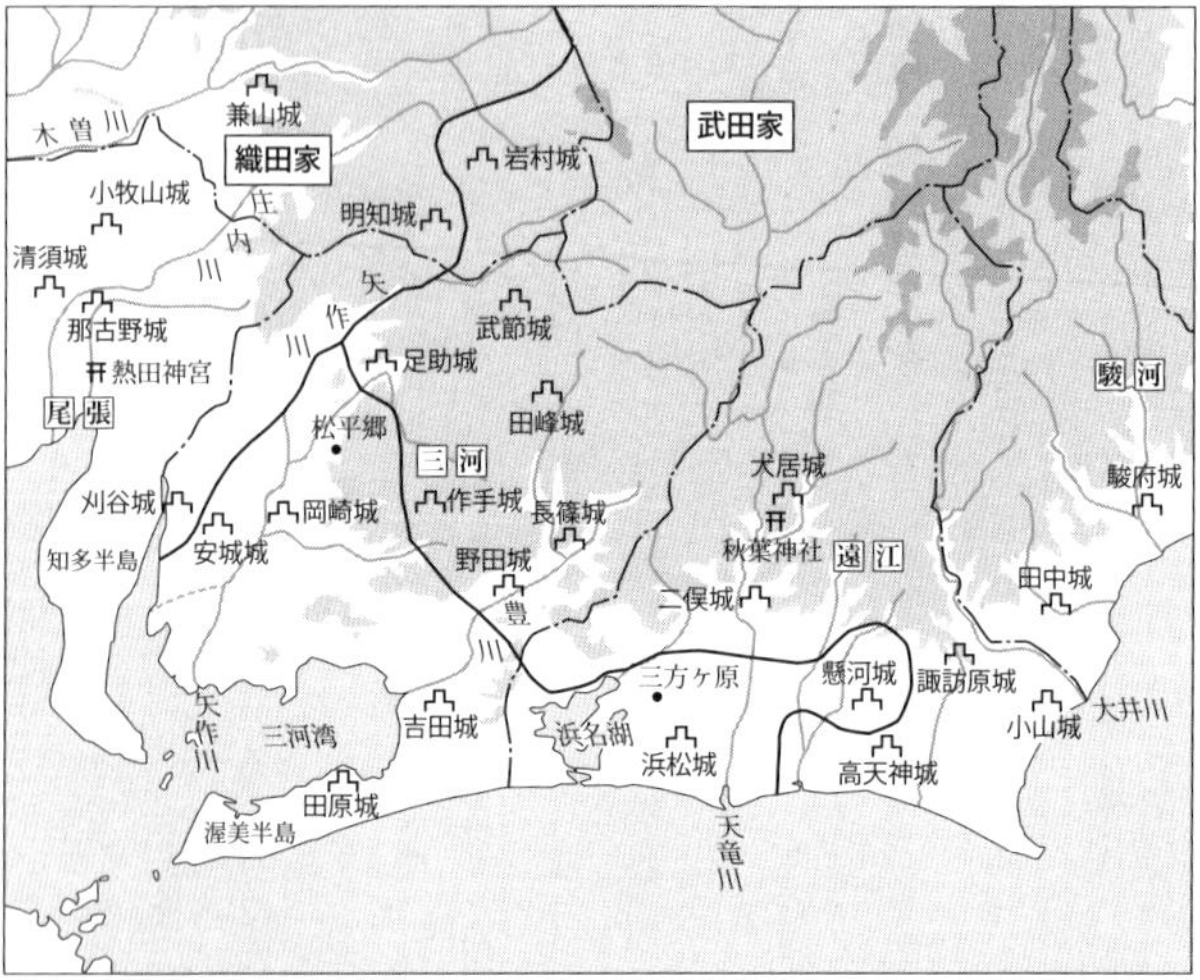

天正元年時の徳川家領国

三月一六日のこととして（前掲刊本上巻・一七五頁）、信康は奥三河の設楽《しだら》郡に出陣して、武節《ぶせつ》城（稲武町）を攻略し、続けて足助《あすけ》城（豊田市）を攻略したことを伝えている。これに関することは、信康に従って戦功をあげた能見《のみ》松平重吉《しげよし》の子孫が、江戸時代前期に作成した史料などにもみえている。時期は天正元年としか伝えていないが、そこには足助城を攻略したことが記されている。これと前後して武節城を攻略したことについては、『武徳編年集成』よりものちに成立した史料になると、足助城攻略の後に、武節城を攻略したことを記すものがみられるようになっている（『朝野旧聞裒藁』前掲刊本・七二七頁)。

この信康の初陣について、確かなことはわからない。武節城は天正元年三月の時点では、武田家に従属していた田峯菅沼家の持城であり、また近辺の作手奥平家も当時は武田家に従属していた。そのためそれらの勢力圏を抜けて武節城に到達することはできないはずなので、それは三月のことでなく、少なくとも七月から家康が反攻を開始し、奥平家を従属させ、長篠城(新城市)を攻略してよりのちのことではないか、と推測されている(前掲新行論文)。ただ時期の早い所伝では、足助城攻略についてしか記されておらず、武節城攻略については記されていない。武節城攻略を伝えるのは、『武徳編年集成』になってからのようにみうけられる。

足助城の攻略について、能見松平家の所伝では、かつて三河宇利《うかり》城(新城市)を本拠にしていた熊谷氏の牢人衆が一揆(主家をもたない武装勢力の軍事行動)を起こして足助城を攻略し、その支援のために信康が出陣して、同城を確保して旧城主の鱸兵庫助《ひょうごのすけ》(のち越後守)に返却したと記している。これらのことからすると、反武田の勢力が、足助城を攻略し、それを信康が支援して、同城を確保したことは信じてよいと思われる。同城にはその後、鱸越後守・兵庫助父子が在城しているので(愛11七五七)、同城を鱸家に返還したというのも信じてよいと思われる。熊谷氏牢人衆が、武田軍が在城する足助城を奪取し、武田方はそれを見捨て、そこに信康が進軍して同城を確保し、旧城主の鱸家に返還した、という経緯を推測できる。ただ実態としては、鱸家が徳川方に従属し、武田方の在城衆を退去させた、ということにもなる。

問題になるのはその時期である。能見松平家の所伝を尊重して、天正元年とみることにしても、同年三月では、いまだ奥三河一帯は武田方の勢力圏にあった。そのような時期に、足助城の攻略が可能であったとは考えられない。家康が奥三河に反攻を展開するのは、七月からのことで、八月に作手奥平家を従属させ、九月に長篠城を攻略している。熊谷氏牢人衆のそのような動向は、そうした状況になってはじめて可能であったと思われる。具体的な時期については特定にいたらないが、足助城攻略を果たした信康の初陣は、この頃のことと推測しておきたい。家康の本軍は長篠城攻略にあたっていたから、信康の行動は、それとは別でおこなわれたと考えられるかもしれない。

なお後世成立史料が、その時期を三月にしているのは、二年後の天正三年三月に武田軍がその足助城を攻略しているので、それと混同した可能性も考えられる。また武節城攻略については、事実ではないと考えられる。同城は、その後も武田方として維持されていることが確認されるからである。家康が同城を攻略するのは、天正三年五月の三河長篠・設楽原合戦ののちのことであった。そうすると同城の攻略については、それと時期を混同したものかもしれない。

ともかくも信康の初陣は、天正元年に足助城攻略としておこなわれたとみることはできるだろう。一五歳のことになる。初陣するには相応しい年齢であったといえる。ちなみに初陣に先だっては、初めて甲冑（具足）を着用する「具足始め」という儀式がおこなわれたはずである。信康について、それは伝えられていないが、慣例の通りおこなわれたに違いない。そしてその甲冑は、正妻ないし「家」妻が用意するものであったとみなされる。羽柴秀俊（小早川秀秋）が初陣となる肥前名護屋《なごや》陣に参陣した際、武具の用意は養母の北政所・木下寧々（羽柴秀吉正妻）がおこなうことになっていた（拙著『小早川秀秋』）。そのことからみれば、信康の場合は、母の築山殿が用意したに違いない。築山殿は、信康が武将として一人前になることを前にして、その将来に期待したであろうことは想像にかたくない。そして初陣を遂げたことに、ますます期待に胸膨らませたのではなかったか。

亀姫の婚約

嫡男信康が初陣を遂げたと同じ頃、長女の亀姫にも境遇の変化が訪れた。すなわち婚約の成立である。亀姫は、永禄三年（一五六〇）生まれとみれば、一四歳であった。結婚にはやや早いが、当時としては年齢的に不自然ではない。相手は、作手領の国衆・奥平定能《さだよし》の嫡男信昌（一五五五〜一六一五）であった。信昌は弘治元年（一五五五）生まれなので、この時には一九歳になっていた。亀姫よりも五歳年長、信康よりも四歳年長であった。

奥平家は、家康の三河領国化のなかで家康に従属していたが、元亀三年（一五七二）七月に、家康から離叛して武田信玄に従属していた（愛11八〇四）。信玄と家康は、それより二年前に同盟解消、絶交状態になっていた。家康が、越後上杉謙信と同盟を結んで、家康のほうから敵対したのである。しかし信玄は、家康が織田信長の従属下にある存在のため、家康との交戦を避けていた。そのため「手切れ」があったにもかかわらず、家康と信玄の交戦はみられていなかった。ところが信玄は、その元亀三年後半になっていよいよ織田信長との絶交を決断し、そうして家康従属下の国衆への調略をすすめたのであった。

信玄は同年一〇月に遠江・三河への侵攻を開始し、遠江北部・三河北部を経略する。家康はその領国の半分近くをたちまちに経略されてしまったのである。しかも武田家とのあいだでおこなわれた三方原合戦にも敗北してしまった。そのままいけば徳川家の滅亡という事態も十分にありえたことであろう。ところがそこに、家康に第二の強運が訪れた。武田信玄がその直後の天正元年（一五七三）三月に重態に陥り、そのため武田軍は後退し、しかも信玄が四月に死去したのである。家康の強運には驚かされる。

武田家では、信玄の遺言によるとして、三年間はその死去を秘匿することとし、表向きは七月に信玄は隠居し（そのため以後は「御隠居様」と称された）、四男勝頼（一五四六〜八二）に家督が譲られた、という体裁がとられた。しかし家康や信長は信玄死去をすぐに察知し、家康は早くも五月初めに武田方への反攻を開始し、駿河に出兵している。これで信玄死去を確信した家康は、七月から奥三河の奪回を本格的にすすめた。そして八月二〇日に、奥平定能・信昌父子を従属させるのであった（愛11九〇一）。家康はその日に、奥平父子に宛てて進退を保証する起請文《きしょうもん》を出している。その前提として、奥平父子から家康に、忠節を誓約する起請文が出されていたに違いない。それが国衆が戦国大名に従属する際の手順だからである。家康が奥平父子に与えた起請文は、七ヵ条からなっている。その内容は、その後の奥平家の政治的地位を認識するうえで重要なものと考えられるので、以下に簡単にみておくことにしたい。

奥平家に宛てた家康起請文の内容

一条目は、今回婚姻を取り決めたことをうけて、九月のうちに婚儀をおこなうこと、婚姻関係を形成するからには、今後はその進退を決して見放さないことを述べている。すなわちこの婚姻が、亀姫と信昌とのことになる。これにより家康は、奥平父子を従属させるにあたって、亀姫と信昌の結婚を条件に示していたことがわかる。奥平家は、奥三河で最大の国衆であった。そのため家康は、娘を嫁がせてまで、それを従属させたいと考えたことがわかる。

二条目は、本領の作手領、一族の日近奥平家の所領、さらに遠江で与えられていた所領について、すべて保証している。すなわちこれまでの領国とそれ以外の所領について、すべて保証する内容であった。続いて三条目から五条目までは、従属という功賞として新たな領国と所領を与えることについての約束である。

三条目では田峯菅沼家の田峯領を与え、野田菅沼家の野田領についても同様であることを示し、四条目では長篠菅沼家の旧領の長篠領と遠江での所領をすべて与え、同家から没収していた三河での所領についても返還することを示し、五条目では、その他に新知行として三千貫文を与え、三河と遠江河西《かさい》で半分ずつ与えることを示している。これをみると家康は、本領に加えて、田峯領・野田領・長篠領、さらに三千貫文の所領を与えることを条件として提示していたことがわかる。それは設楽郡一帯を奥平家の領国として認めるというものであり、かなりの大盤振る舞いといってよい。それだけ奥平家の従属の実現を重視していたことがわかる。そしてその条件は、のちに基本的に実現されるのであった。

六条目は、今川家筆頭家老の三浦家の名跡《みようせき》を、今川氏真から了解を得て与えることを約束している。家康はこの時期から、今川氏真を庇護するようになっていた。氏真はかつて永禄一二年（一五六九）に遠江懸河城を退去して以降は、小田原北条家の庇護をうけて小田原に居住していたが、元亀二年に北条家は武田家と同盟を結んで、駿河支配を武田家の管轄と認めてしまった。氏真は駿河への復帰を念願していたものの、北条家のもとでは果たせなくなってしまったのである。そうしたなかで信玄が死去し、家康による反攻が開始されたことで、家康に期待をかけて、小田原を退去して家康を頼ったということになる。

奥平家が、今川家筆頭家老の三浦家の名跡を獲得するというのは、家格を向上させることを意味する。三河国衆の家格よりも、名門戦国大名家の家老家のほうが家格は上に、すなわち社会的地位は上に認識されていたであろう。そのためこの名跡付与が従属の際の条件になりえたのであろう。しかしその後、奥平家は三浦名字を名乗ってはいないので、この条件は実現しなかったと思われる。

最後の七条目は、信長からも進退保証を確約する起請文を調達すること、また信濃伊那《いな》郡について申し入れすることを約束している。さらに付け加えて、人質（「質物《しちもつ》」）交換について了解したことを示している。つまり奥平家の家康への従属は、信長の了解を得る必要があったことがわかる。そのため家康は、信長から奥平父子への起請文の獲得を約束したのであろう。これは家康の立場が、信長の配下として位置しており、家康の従属下に入ることについて、信長から承認されなければならなかったことを意味している。

また伊那郡の件についてでは、具体的な内容はわからないが、おそらくは、伊那郡の経略次第、奥平家の領国とすることを認めることと思われ、それについても信長から了解を得なくてはならなかったことがうかがわれる。おそらく信濃の経略は信長が管轄することになっていたので、その承認が必要であったのであろう。そして最後の人質交換は、武田家に出されていた奥平家の人質の取り戻しを意味しよう。それがこの七条目に記されているのは、武田家との交渉が、信長の管轄になっていたためと思われる。家康はその件について独自に武田家と交渉することはできなかったのであろう。

なおこうしたところをみると、すでに家康は信長の従属下に位置した存在とみなさざるをえない。その兆候は、二年前の信康の元服に際してからみられていた。しかしここにみえる状況は、それからはるかに変化していることがうかがわれる。それはおそらく、信長の立場に変化があったことによろう。この時点で信長は、将軍足利義昭を京都から追放し、事実上の「天下人」の立場になっていた。その立場が公的に確立をみるのは、これから二年後に、信長が将軍と同等の官職を獲得してのことであった。それにともなって信長と家康の政治的関係も、完全に上下関係に変化し、家康は信長の一門大名に位置付けられることになる(前掲平野著書)。しかしこの奥平父子への起請文の内容をもとにすると、「天下人」信長に従属する一門大名という家康の立場は、すでにこの時点で事実上、成立していた考えられるように思われる。

さらに奥平家の立場についても、これらのことから、織田信長の統制下に置かれていたとみなされることが指摘されている（柴裕之『戦国・織豊期大名徳川氏の領国支配』）。そのため奥平家は、同じく家康の従属下にありながらも、他の三河国衆とは異なる政治的地位にあり、信長から家康への与力に付された存在であり、それにともなってその領国支配も、家康から干渉をうけない自立的なものが認められたと考えられている。これに別の表現をあてれば、奥平家は織田家と徳川家に「両属」する立場にあったということになる。そしてそのことは実際にも、二年後には確認できることになる。

亀姫の結婚の延期

それはともかく、こうして家康は奥平父子の従属を獲得した。しかしことは順調にはいかなかった。作手城には武田軍が在城していて、また奥平定能の父道紋《どうもん》（法名、実名定勝《さだかつ》）はこれに応じなかったのである。家康は援軍を派遣したが、攻略することはできなかった。なおこの援軍に信康家老の平岩親吉が参加しているので、もしかしたら先にみた信康の初陣は、ここから派生していったものかもしれない。それはさておき、逆に武田家から後詰の援軍が進軍してきたため、定能・信昌父子は作手城から退去し、領内の宮崎城（岡崎市）

に後退するのであった（「当代記」前掲刊本・二〇頁）。

家康は九月八日に長篠城の攻略に成功し、三河衆を在城させた。対して同月二一日、作手在城の武田軍が、定能父子が在城する宮崎城を攻撃してきた。定能父子は抵抗叶わず、滝山（岡崎市）に退去した。ここでも武田軍から攻撃をうけたが、奮戦の末に撃退に成功し、武田軍は後退したという（同前二一頁）。しかしこれで定能父子が作手領を経略できたのではなく、宮崎城を維持しえたにすぎなかった。定能父子が作手領を回復するのは、二年後の長篠・設楽原合戦で信長・家康が勝利したのちのことであった。

そのため亀姫と奥平信昌との結婚も延期になってしまった。当初は、定能父子が作手領を経略し、そのうえで九月に婚儀をおこなうことを予定していた。しかし定能父子は作手城から退去を余儀なくされ、わずかに宮崎城で武田方への抵抗を続ける状態にすぎなかった。この状況で、結婚などおこなえるわけがなかったのだ。家康が亀姫と信昌を結婚させようとしたのは、奥平家が奥三河の有力国衆の立場にあることを前提にしていたからである。その前提が崩れてしまえば、結婚を実現する意味がない。しかし一旦は約束した以上、亀姫と信昌は婚約の状態になったとみることはできるかもしれない。家康がそれさえも反故にしてしまったら、それこそ定能父子は、家康への忠節を働かなくなりかねない。結婚が実現するかどうかは、ひとえに定能父子の働き次第とされたことであろう。

なお信昌の実名のうちの「信」字は、長篠・設楽原合戦後に、織田信長から偏諱を与えられたものとする説がある。すでに『寛永諸家系図伝』の信昌の項（刊本六巻・一四〇頁）にそのことが記されているので、それは奥平家がそう主張したのであろう。しかし実際には、この元亀四年（天正元年）一一月二一日付で、定能・信昌の連署判物があり、そこで信昌はすでにその実名を名乗っている（『中津藩史』一三三頁）。奥平家は前年に、武田家に従属していたので、信昌は武田家から、通字の「信」字を与えられて、その実名を名乗ったとみなされる。信長からの偏諱というのは、時期が合わず明らかな誤りである。ただ信昌は、前年でも一八歳になっていて、それより以前に元服していたであろうから、当初は別の実名を名乗っていたとみなされる。奥平家ではその初名を「貞《さだ》（定）昌《まさ》」と伝えている。おそらく事実とみてよいであろう。

また定能・信昌父子が武田家から離叛したことにより、奥平家から武田家に出されていた人質が、武田家により処刑されるが、その人質について、信昌の妻とする所伝がある。これは「松平記」にみえていて、「奥平九八郎《くはちろう》（信昌）が妻を人質に甲州に置きて、はたものに懸けらるる」とある（前掲刊本・一四三頁）。そのためこれまで、信昌の先妻は武田家の人質になっていて、その離叛により処刑された、という理解が広くみられていた。しかしこれは誤りとみなされる。信昌の妻が殺害されたという内容は、それより以前の成立の史料にはみえていない。むしろ奥平家から人質に出され、武田家に殺害されたのは、定能の次男、信昌の弟の千代丸（仙丸・仙千代とするのは俗説であろう）らであった（愛11九〇八）。当主は定能であったから、それからの人質であり、信昌はまだ嫡男の立場にすぎなかったから、それから人質が出されることはない。どうしてこの所伝が生まれたのかはわからないが、事実ではないとみてよい。

次男秀康の誕生

こうして家康と武田勝頼の足かけ一〇年におよぶ抗争がはじまった。そしてその抗争が、築山殿と信康の動向に大きな影響をおよぼしていくことになる。

そのことについては、これから順に述べていくが、その間に、築山殿と家康の関係を考えるうえで、重要な問題がみられた。それは家康の庶出子の誕生で、具体的には次男秀康と次女督姫の誕生である。戦国大名家において子どもの誕生は、正妻ないし「家」妻の管理下に置かれていた。その他の別妻・妾の存在や、その子どもの出産については、正妻ないし「家」妻の承認のもとでおこなわれていたとみなされる（『武田信玄の妻、三条殿』）。そのことと照らし合わせると、秀康と督姫の誕生については、どのように理解することができるか。順に述べていくことにしたい。

次男秀康は、天正二年（一五七四）二月八日辰刻（午前八時前後）に生まれたという（「当代記」前掲刊本・二二頁）。幼名は義伊《ぎい》といった。のちの同一二年に羽柴秀吉に人質として出され、そのもとで元服、叙任《じょにん》され、「羽柴三河守秀康」を名乗る。その後、同一八年に下総結城《ゆうき》家の婿養子に入り、結城領一〇万石の有力大名になった。そして慶長五年（一六〇〇）の関ヶ原合戦後に、越前一国六八万石の大大名になり、越前松平家の祖となる。

秀康の母や、幼少期の状況については、当時の史料ではわからない。そのためここでも後世成立の史料をもとに把握していかねばならない。しかし後世成立の史料には、様々な所伝が錯綜した状態にあるので、それを整理しながら、最適解を導き出していくという作業が必要になる。しかし幸いにも、秀康については小楠和正氏の詳細な研究がある（『結城秀康の研究』）。以下ではそれに導かれながら、述べていくことにする。

母は、死後の法号を長勝院殿《ちょうしょういんでん》といった。駿河毛受《めんじゅ》氏の出身で、三河知立《ちりゅう》神社の神主になった永見淡路守《ながみあわじのかみ》（貞英《さだひで》あるいは吉英《よしひで》）の娘といい、名は「おこちゃ」、その後に「お万《まん》」を名乗ったらしい。この二つの名は当時の史料でも確認できる。その他に「お松」「池鯉鮒（知立）の方」「小督《こごう》の局」などが伝えられている。生年については、天文一六年（一五四七）とする所伝があり、それによれば秀康を二八歳の時に産んだことになる。秀康は実は双子であったらしく、弟のほうは早世したと扱われた。しかし実際には、実家の兄・永見貞親《さだちか》に養育されて、天正一九年に永見家を相続し、永見右兵衛尉貞愛《ひょうえのじょうさだちか》を名乗り、慶長九年一一月一六日に三一歳で死去している。これによれば、弟の貞愛は実子として認定されることなく、永見家の当主として存在したことが知られる。

誕生の場所は、遠江敷智《ふち》郡宇布見《うぶみ》村（浜松市）の中村源左衛門《げんざえもん》屋敷とされる。中村源左衛門は、同所の有力住人である。しかし家康から対面を認められず、そのためしばらく家康の子として認知されなかった。その経緯について記すもっとも早い史料は、寛永一一年（一六三四）成立の「中村家御由緒書」とみなされ、

権現様（家康）浜松御在城の節、天正元年於松（長勝院殿）の御方御妊身成され候処、築山殿の御嫉妬甚だしく、御城内に御住居成り難き御容体に付き、忠臣本多作左衛門殿君の御胤大切と存じ奉り、於松の御方へ申し上げ候わば、御代官中村源左衛門儀は宇布見村住居にて、御忠節者故、同人方へ密かに御越し遊ばさせらるる旨を申し上げ、則ち源左衛門召し寄せ、委細申し談じられ候間、畏まり御請け申し上げ、天正元年十二月二十九日に御供仕り、夜に入り源左衛門宅へ御移り遊ばさせらる。

とある。それによれば、長勝院殿は浜松城で妊娠したが、築山殿が激しく「嫉妬」したた

め、城内に居住することができず、家康重臣の本多重次《しげつぐ》（一五二九〜九六）の差配により、宇布見の中村源左衛門に預けたことが記されている。ここで何より注目されるのは、長勝院殿が浜松城で居住できなくなったのは、築山殿の「嫉妬」によるとされていることである。「嫉妬」という表現が正確なものかどうかはともかくとしても、築山殿が承知しなかったことは間違いなく、そのため城外に退去せざるをえなかったことがわかる。

秀康の認知問題

長勝院殿の立場について触れているものには、『武徳編年集成』が「神君の侍女」、「以貴小伝」（『史料徳川夫人伝』所収、江戸時代後期成立）が「築山殿に宮仕えせし」、とあるにすぎないようである。浜松城に居住していたのであるから、『武徳編年集成』が伝えるように、家康に奉公する女房衆（女性家臣）とみて間違いなかろう。なお「以貴小伝」は、築山殿に奉公する女房衆としているが、家康は浜松城に居住していたのであるから、築山殿の女房衆ではありえない。しかしながらここで大事になるのが、女房衆の任免は正妻ないし「家」妻の管轄であったことである。すなわち浜松城で家康に奉公する女房衆についても、築山殿の管理下に置かれていたと考えられる。

そのことをもとにすると、築山殿の「嫉妬」の内実がみえてこよう。これは長勝院殿が家康の子どもを妊娠することについて、築山殿は承認していない事態のため、城内から退去させたと理解することができる。それは正妻としての権限であった。正妻は、別妻や妾として承知するかどうかの権限をもっていたと考えられる。築山殿は、長勝院殿を家康の妾とすることを承知しておらず、にもかかわらず妊娠したために、女房衆から追放したとみなすべきであろう。それが江戸時代前期になると、妻の「嫉妬」などという、矮小化した理解になってしまっている。しかも「以貴小伝」では、築山殿が妊娠中の長勝院殿を折檻したことを記しているが、これなどはもはや物語的な創作でしかない。

長勝院殿は、本多重次の差配により出産にいたっている。このことについて築山殿が関知していたのかはわからない。築山殿が長勝院殿を城内から追放したということは、生まれてくる子どもについても、家康の子として承認しないことを意味したであろう。そうであれば子どもが生まれようがどうしようが、築山殿としては関係のないことといえ、そのため出産までのことについて関知することはなかったと考えられる。ちなみに長勝院殿とその子どもは、中村屋敷に三年居住したのちは、太田村(湖西市)の豊田孫兵衛《まごひょうえ》屋敷で居住したという所伝がある。

家康は、秀康が生まれたことの報告を本多重次からうけたようだが、秀康とは対面せず、子として認知しなかった。それについて「松平記」は、「下腹《げばら》の子なれば、家康は御存知なし」と記すにすぎない。母の身分が低いから子として認知しない、という内容になっている。しかし長勝院殿は、三河の主要な神社の神主家の娘であり、家康の女房衆であったから、「下腹」というのは、妻や正式な妾ではなかったことを意味するのであろう。実態は、築山殿が承認しない子であったから、家康もまた認知できなかった、と理解すべきである。ちなみに江戸時代中期以降になると、物語的な要素が膨らんでいって、様々に理由が考えられていくようになる。しかもそれらはすべて家康の主体的な観点からのものになっている。そこでは正妻の築山殿の承認権について全く考慮されていない。時代の変化によって、そうした戦国大名家における正妻の機能が忘れられていった結果、とみることができる。

秀康が家康から子として認知されなかったのは、そのように正妻の築山殿が承認しなかったためと考えられる。その秀康も、その後のある時期に、家康の子として認知されることになる。その時期と経緯について記している史料としてもっとも早いのが、「中村家御由緒書」とみられる。そこには、秀康が三歳になった天正四年（一五七六）に、本多重次がその存在を信康に報告し、それをうけて信康は秀康を岡崎城に移し、家康が岡崎城に来た折に秀康との父子対面を取り計らったことが記されている。この所伝は、『藩翰譜』（元禄一四年〈一七〇一〉成立）や『武徳編年集成』にも引き継がれていて、そのため広く通用するものになっている。すでに江戸時代前期に、この所伝が存在していることから、その内容はおおよそは信じてよいように思われる。

しかしそれで、秀康が家康の子として認知されたのか、といえばそれは別問題であろう。そもそも大名家の子としての認知は、正妻の承認なしでおこなわれることはないであろう。したがって秀康が家康の子として認知されるには、築山殿の承認がなければならなかったはずである。しかしその所伝にも、築山殿に関しては登場していない。単に信康が父子対面を取り計らったことがみえているにすぎない。そのため、父子対面はあったかもしれないが、それで秀康が家康の子として認知されたわけではなかった、と考えるべきであろう。

実際に秀康が、家康から子として認知されたのは、信康の死後のことであったとみなされる。信康の仲介による父子対面を記していた『藩翰譜』『武徳編年集成』も、信康の死後に、秀康の存在を重要視するようになったことを記している。おそらくそれにより、家康は長勝院殿・秀康母子を浜松城に引き取り、長勝院殿はあらためて家康の妾として、女房衆に位置付けられ、「お万の方」「池鯉鮒の方」「小督の局」といった、女房名を与えられたと推測される。

しかしここで重要なのは、信康の死去後となっているが、その直前に築山殿が死去しているから、それは本質的には築山殿の死後のこと、と認識できることである。秀康を家康の子として承認しなかったのは築山殿であったからである。その築山殿が死去したことで、秀康は家康の子として認知されえたのだと考えるべきであろう。

つまり秀康は確かに家康の子であった。しかし誕生後しばらくのあいだ、家康の子として認知されなかった。それは築山殿が、秀康を家康の子として承認しなかったからであった。それはそもそも、母の長勝院殿の妊娠が、築山殿の承認しないなかで生じたことであったため、それにともなって生まれた子についても、家康の子として承認しなかったのであった。家康もその意向に従わざるをえなかった。そのため秀康の認知は、築山殿の死後におこなわれたのであった。ここに別妻・妾の存在とその子どもの出産が、正妻の管轄下に置かれていたこと、そこにおける正妻の絶対的な権限の存在を認識することができる。この秀康の場合は、戦国時代においてそのことを端的に認識できる、恰好の事例というる。

次女督姫の誕生

続いて次女督姫の誕生について取り上げる。督姫の名について、当時の史料では確認されないが、「督《とく》」「徳」、あるいは「富《ふう》」「普宇」の名が伝えられている。死後の法号を良正院殿といった。初め小田原北条氏直（一五六二〜九一）の妻になり、氏直の死去後に、豊

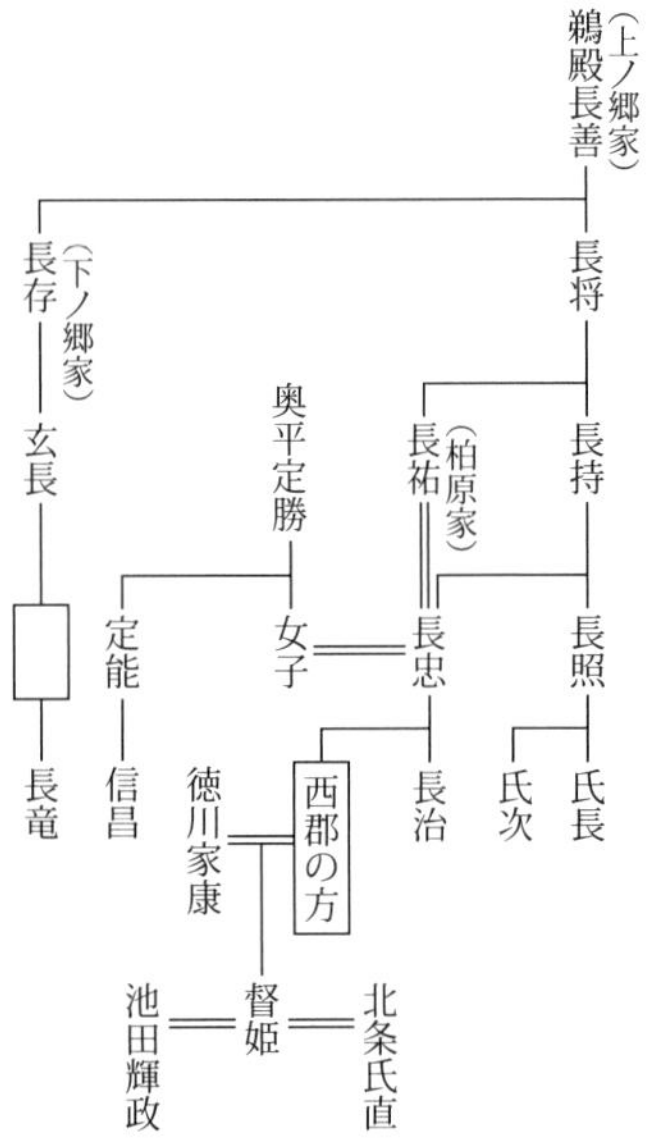

西郡の方関係系図

臣大名で、当時、三河吉田領一五万石の池田照政《てるまさ》（のち輝政、一五六四〜一六一三）の妻になった。

生年は、天正三年（一五七五）とみなされる。これまでの通説では永禄八年（一五六五）とされていた。これは元和元年（一六一五）に死去した時の没年齢を五一歳とする所伝によっている。しかし没年齢については異説があり、四一歳とするものがあった。督姫は晩年に、四〇歳くらいとみなされることがわかっている。また督姫は、慶長元年（一五九六）から同一六年にかけて池田輝政（当時、播磨五二万石）とのあいだに五男二女を産んでいて、子どもの出産状況からみても、天正三年生まれが妥当と判断できる（拙著『戦国大名・北条氏直』）。

母は、三河西郡の国衆・鵜殿家の娘で、「西郡の方」と称されたというが、当時の史料では確認されていない。死後の法号は蓮葉院殿《れんよういんでん》といった。父の名については諸説があるが、鵜殿家本家の鵜殿長持《ながもち》の次男で、分家の柏《かしわばら》原鵜殿家を継承した鵜殿長忠《ながただ》とみるのが、妥当である。長忠は、永禄五年に家康が攻略した鵜殿長照の弟にあたった。その時点での柏原鵜殿家の動向については確認されないが、鵜殿家攻略をうけて、家康に家臣化したことは間違いなく、同六年の「三河一向一揆」で、長忠の養父長祐《ながすけ》（長持の弟）は、家康方として戦死している。また長忠の妻は、奥平定勝（法名道紋）の娘であった。そのため西郡の方は、奥平信昌とはいとこにあたる。生年は不明だが、督姫を二〇歳くらいで産んだとすると、およそ弘治二年（一五五六）頃の生まれと推定できよう。

西郡の方も、家康の子どもを産むのであるから、長勝院殿と同じく、家康に女房衆として仕えていた存在とみなされる。「徳川幕府家譜」では、「天正年中浜松奥勤め、岡崎において督姫君御誕生」と記している（『徳川諸家系譜第一』三三頁）。他に有力な所伝もないようなので、これを信じてよいと思われる。天正年間になって、浜松城の「奥向き」に女房衆として奉公するようになったことがうかがえる。年齢的にも不自然でない。そして家康の女房衆になるということは、正妻の築山殿の差配によったのであろう。

問題は、西郡の方が家康の子を妊娠することを、築山殿が承知してのことであったかどうかである。督姫の出生について、具体的なことは全く伝えられておらず、先の秀康の場合のような問題は伝えられていない。そうすると西郡の方の出産は、築山殿の了解のもとであった可能性が想定される。そうみていくと、西郡の方が浜松城で奥勤めしていたのに、出産を岡崎でおこなった、という所伝は、重要な意味をもってくることになる。岡崎で出産したということは、それは築山殿の管理下でおこなわれたことを意味するからである。

これらのことから、西郡の方が浜松城の奥勤めをすること、西郡の方が家康の子を妊娠すること、そして西郡の方が督姫を出産することすべてが、築山殿の差配によったと考えることができる。築山殿は、天正元年の時点で三二歳あるいは三四歳くらいになっていた。そのため家康の子を産むことはなくなっていた。しかし徳川家の繁栄のためには、家康の子が必要であった。そのため築山殿は、自身に代わって、家康の子を産む存在を必要とした。そこで築山殿が、その役割を担う存在として、西郡の方を選抜し、浜松城の「奥向き」に奉公させたのだろう、と考えられる。

その場合、西郡の方の立場は、別妻であったのか、妾であったのか、どちらであったと考えられるであろうか。以前は、家康の子を産んでいるから別妻とみていた（『戦国大名・北条氏直』）。しかし、督姫の出産が岡崎でおこなわれ、築山殿の管理下にあったとみられること、出身の柏原鵜殿家は、国衆家でなくその分家にすぎず、徳川家家臣としての性格は譜代家臣に位置したとみられることから、妾の立場にあったとみたほうがよいと考える。

ちなみに鵜殿家の惣領家として位置したのは、下鵜殿《しもうどの》家の鵜殿長竜《ながたつ》（長持の従兄弟玄長《はるなが》の孫）で、「三河国衆」で第一位の家格を与えられていたことが知られている（煎本増夫「家康と国衆」）。同家は、本家から離叛して、上之郷城攻略に先立って、家康に従属していたので、その功績によるものであろう。

このようにみてくると、督姫は岡崎の築山屋敷で生育した可能性が考えられる。なお西郡の方が、その後に再び浜松城の「奥向き」に奉公したのかはわからない。子どもが督姫一人だけということからすると、再度の奉公はなかった可能性が高いように思う。西郡の方が、築山殿の管理下にあったとみなされる存在であることからすると、そこには、築山殿と家康とのあいだに問題が生じるようなことがあったのかもしれない。実際にも督姫が生まれた天正三年に、築山殿と家康は政治的に対立するようになる。そのことの影響とみられるかもしれない。

大岡弥四郎事件

その天正三年（一五七五）、徳川家では重大な謀叛事件が起こった。岡崎町奉行の一人・大岡弥四郎を主謀者とした謀叛事件である。しかもこの事件には、どうも築山殿も関わっていたらしい。この事件については、すでに新行氏による検討がある（前掲新行論文）。そのため以下では、新行氏の研究によりながら述べていくことにする。築山殿の関わりにつ

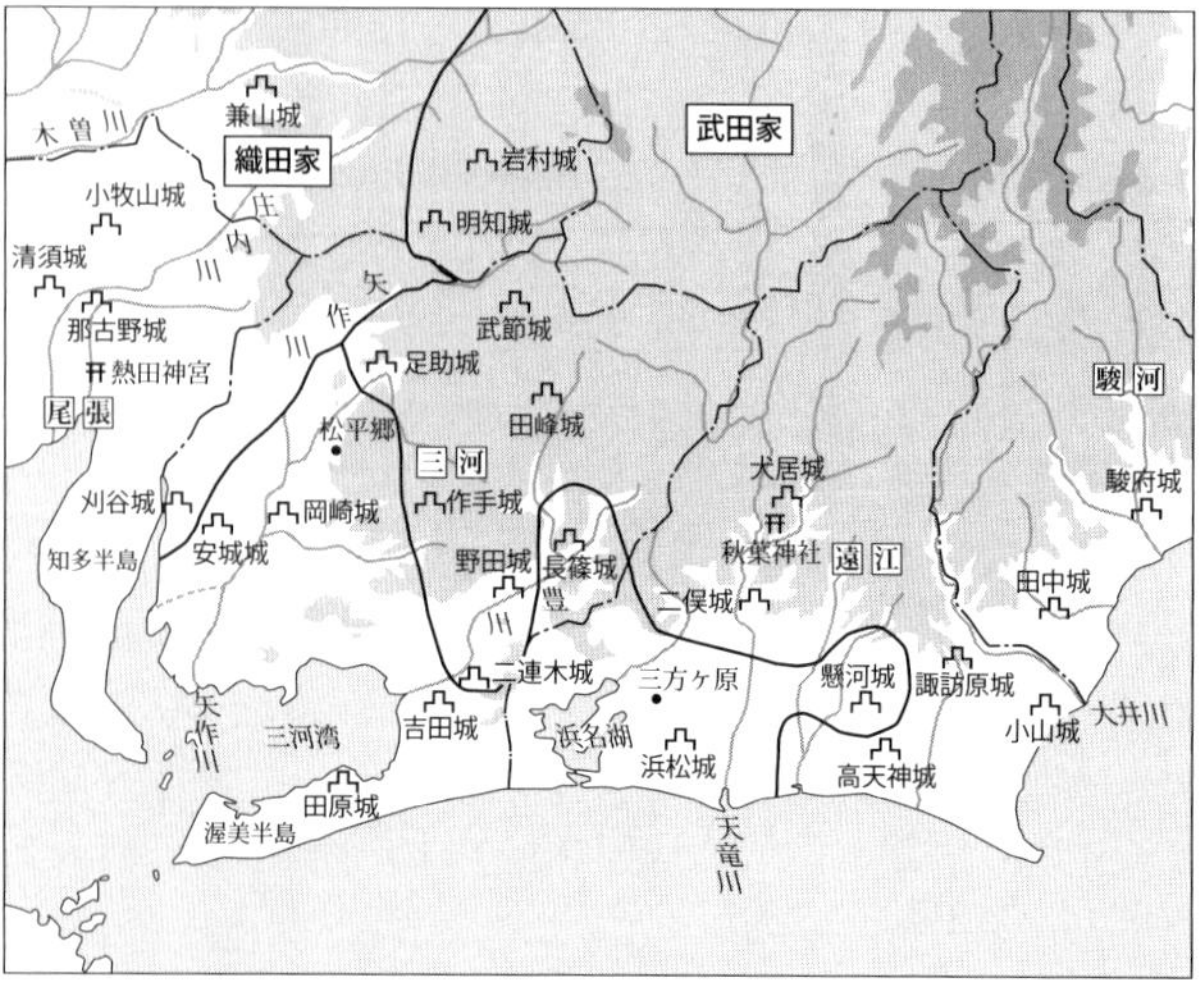

天正3年4月時の徳川家領国

いては、次に取り上げることにして、まずは事件のあらましを述べることにしよう。

事件が発生した時期は明確になっていないが、「松平記」や元禄年間（一六八八〜一七〇四）頃の成立とみられている「伝馬町旧記録」には、武田勝頼を足助から岡崎に引き入れようとして起こした、と記されているので、三月下旬から四月頃のことと推定される。武田勝頼はこの年三月に奥三河に侵攻してきて、一五日に足助城を攻撃し、一九日に攻略している。その後、野田城を再興している（愛11七五七）。ここから長篠城攻囲にすすみ、その結果として五月二一日の長篠・設楽原合戦が起こることになる。武田軍を足助から岡崎に引き入れる、というのであるから、それは武田軍が足助城を攻略したのちのこととみてよいであろう。

事件の概要については、「岡崎東泉記」「伝馬町旧記録」によって、把握することができるようである。岡崎町奉行三人のうち、大岡弥四郎と松平新右衛門の二人が主謀者で、これに「城主鳥居九兵衛」の家臣小谷九郎左衛門《こたにくろうざえもん》と山田八蔵《はちぞう》も参加した。岡崎城の南方の吉良庄《きらのしょう》（西尾市）に武田家の幟旗一〇〇本を掲げて武田軍の進軍にみせかけ、武田軍を岡崎城北方の足助・大樹寺《だいじゅじ》（岡崎市）方面から岡崎城に引き入れる。在城衆が南口に迎撃のため出陣したところを、北口から乱入して、城を固めて城外を放火し、武田軍を城内に引き入れて、三河一国を武田方にする、という計画であった。

しかし山田が、岡崎城に通報して裏切り、城衆一人の付き添いをうけて、岡崎城下の大岡弥四郎の居宅に押し入って、これを生け捕りにした。また平岩親吉の軍勢四、五〇人は懸村の松平新右衛門の居所に押し寄せたが、松平は岡崎の宿所にいて留守であった。松平は出頭したのか、翌日に大樹寺で切腹させられた。渡村に居住していた小谷九郎左衛門は、岡崎城の軍勢一〇〇人ほどに屋敷を包囲されたものの、すでに逃亡していた。大岡弥四郎は、城下連雀町の大辻で、七日におよんで竹鋸で引かれたのち、根石原（念志原《ねんじはら》）で妻子ともに五人は磔刑に処された。「岡崎東泉記」は、岡崎町奉行のもう一人の江戸右衛門七も、主謀者とし、切腹させられたとするが、「伝馬町旧記録」では、無関係であったが相役であったため、浜松で切腹させられたとしている。その他、信康家老の石川春重も切腹させられた、というものである。

なお事件の発覚について、「岡崎東泉記」は、山田の裏切りとしている。しかし「伝馬町旧記録」では、城下八丁の塩商人が、信濃にまで塩売りしていたところ、浜松から物見役を命じられ、武田方の足助・武節に出入りしていたため、この叛乱が露見したとしている。そして八丁の塩商人には褒美として、塩座が認められ、西浜・小浜の塩荷の専売などを認められたとしている。山田はその後、家康から褒美として所領を与えられているので、それが通報したことは間違いないのであろう。また塩商人にもそのような褒美が伝承されているので、これも確かなことであったろう。そうであれば事件は、複数のルートから露見したものであったろうか。

この事件によって、家老の石川春重が切腹させられ、また松平一族の松平清蔵親宅《せいぞうちかいえ》（法名念誓《ねんせい》）の失脚もこの時のこととみられている。彼らもこの事件に加担していたからとみなされる。したがってこの事件は、家老の石川春重に町奉行の大岡弥四郎・松平新右衛門、家老鳥居九兵衛の家臣・小谷九郎左衛門らが中心になって起こしたものであったと考えられる。『三河物語』では、さらに鳥居九兵衛の家臣・倉地平左衛門尉《くらちへいさえもんのじょう》も主謀者であったことを記している。また『三河物語』は、大岡の名を「大賀弥四郎」としたうえで、その個人の陰謀のように記しているが、これは徳川家中での叛乱事件を意図的に隠蔽しようとしたためとみなされている。事件の関係者は、それなりに広がりをみせていたため、家康絶対主義の『三河物語』では、真実に迫る記述は控えねばならなかったのであろう。

家老の石川春重、岡崎町奉行のうちの二人、家老の鳥居九兵衛の家臣が参加していたということになれば、それは信康家臣団の有力者による謀叛であったことになる。彼らが信康に対しても叛乱しようとしていたのかはわからない。しかしその叛乱が起きたのは、当時の武田家との抗争状況によるであろう。家康は武田家に対し、天正元年七月から反攻を開始していたが、それは奥三河の長篠・野田・足助各領、遠江の高天神領を回復したにすぎず、その高天神領も同二年五月に奪回されていた。そのうえでこの天正三年三月に、武田軍が奥三河に進軍してきて、足助領・野田領を経略される、という状態にあった。家康の劣勢は決定的であったのだ。

そうした状況のため、石川らは、武田家に味方することで、自らの存立の維持を図ろうとして、謀叛を企図したと考えられる。事件はたまたま、山田の裏切りと塩商人の通報によって未然に防がれた。しかしすでに武田軍が三河に侵攻していた状況にあったから、それがなければ謀叛が成功していた可能性は十分にあったといえる。もし岡崎城が武田方に帰属したとしたら、三河はそれこそ武田家の領国になってしまい、そうすると遠江南西部を維持するにすぎなかった家康の運命も、どうなったかわからないであろう。ここに家康の第三の強運をみることができる。

実際にも、武田勝頼は足助城から進軍してきた。しかし謀叛事件が発覚したため、「調儀違い」（作戦違い）となって、二連木（豊橋市）への進軍に変更したという。これに対して信康は山中《やまなか》法蔵寺（岡崎市）に、家康は吉田城に在陣し、はじかみ原で小競り合いののち、勝頼は長篠城攻撃にかかり、家康・信康父子は武田方になっていた野田城の攻撃にあたったという（『三河物語』前掲刊本・一七〇頁）。まさに間一髪といったところであった。

そのうえで問題となるのは、この謀叛事件に、築山殿と信康は関わっていたのかどうか、ということである。『三河物語』をはじめ、その後の徳川家関係の史料では、大岡弥四郎の単独謀議として処理している。しかし「岡崎東泉記」には、築山殿の関与がはっきりと記されている。

事件への築山殿の関わり

では「岡崎東泉記」には、どのように記されているのか、その内容をみてみよう。

此の節（天正三年）御前月山様御留守にて、殊に御中も不和成りし、其の節甲州（甲斐国）より口寄せ巫女あまた来たりて、家中・町・村を廻り口寄せけり、此の時勝頼より巫女を騙し、月山殿の御内にて下女に色々とらせて取り入り、下女より中間に取り入り、後は奥上臈達迄に各々進物を致し取り入り、終には御前様御目見え申し上げ、能く取り入り、折節見合わせ申し上げるは、若御前様（五徳）に今度勝頼と御一味なされば、老御前（築山殿）は天下の御台と成り、天下無双に仰ぐべし、若殿（信康）は若君と仕り、天下を相譲るべし、と申し、其の比西慶《さいけい》と申す唐人医有りて、御屋敷に節々出で、御前様の御意に入り、是を談合まき入り、

これによると、天正三年（一五七五）になって、甲斐の口寄せ巫女（神仏の意思を語る巫女）が岡崎領に大勢来ていて、それにつけ込んで武田勝頼が、巫女を懐柔して、築山殿に取り入らせた。それは築山殿の下女にはじまり、奥上臈（女性家老）にまで達して、ついに築山殿に目見えするまでになった。そこで、「五徳を勝頼の味方にすれば、（勝頼が天下人になり）築山殿を勝頼の妻とし、信康を勝頼の嫡男にして天下を譲り受ける」という託宣を述べさせた。また西慶という唐人医で築山殿の屋敷に出入りしていた者を、この談合に巻き込んだ、とある。これに続いて、大岡弥四郎らを大将分として、勝頼から所領を与

える判物が出されたことが記されているので、西慶が大岡らに働きかけした、ということなのであろう。

石川春重らが企てた謀叛は、たしかに勝頼の調略をうけたものであろう。それが築山殿に出入りしていた唐人医の西慶を通じてのものであった、というのであるが、武田家家臣ではない者の働きかけを簡単に信用するとは考えられない。またその西慶を謀議に引き込んだのは、勝頼から指令をうけていた巫女であるといい、そのこと自体はありえなくもない。ただその巫女は、築山殿に取り入って、武田家に味方するよう吹き込んだことは記されているものの、築山殿と信康にそれ以上の働きかけをしたことは記されていない。しかしそれで、家老や町奉行、家老の家臣が謀叛を企てるとは考えがたい。

そのためこの「岡崎東泉記」の記述は、核心的な部分が抜け落ちているといわざるをえない。つまりそれは、同史料の記者が知りえた内容にすぎなかったともいえる。外部の人間には、巫女や西慶の働きかけしか知りえなかったため、そのような記述になっているのかもしれない。事件の深刻さをみれば、そこに築山殿か信康の意向が働いていたとしか考えられないのである。そしてそれは、築山殿であったと考えられる。「岡崎東泉記」に、勝頼の調略が、築山殿に伸びていたことがみえているからである。そこに信康が登場していないことからすると、信康は関知していなかったとみてよいであろう。そもそも信康は、まだ一七歳にすぎなかった。主体的に家康への謀叛を考えられたとも思えない。
では築山殿が、謀叛を企図したとして、それはどのような理由からと考えられるであろうか。「岡崎東泉記」は、その前提として、家康との夫婦仲が不和であったことを記しているが、それは別居していたから不和と認識しているのであろうから、十分な理由にならない。巫女による託宣の内容は、築山殿と信康のその後の進退に関わることであった。そうすると考えられることは、信康のその後における存立についてであったに違いない。先に触れたように、この時期、徳川家の存続は危機的な状況に陥っていた。そのため築山殿が、徳川家の滅亡を覚悟するようになっていたことは十分に考えられる。それへの対策として、築山殿は武田家に内通し、信康を武田家のもとで存立させる選択をしたのではないかと思われる。

軍事的劣勢に陥っていた戦国大名家・国衆家において、嫡男や有力一族が、敵方大名に内通して、当主を追放したり滅亡させることで、存続を果たすという事例は普通にみられた。成功した事例に、越前朝倉家滅亡の際の有力一門・朝倉景鏡《かげあき》、甲斐武田家滅亡の際の有力一門・穴山武田信君《のぶただ》、武蔵岩付《いわつき》太田家における嫡男氏資《うじすけ》、三河西郡鵜殿家における有力一門・下鵜殿長竜、などがある。失敗した事例については、限りがないといってよいほどである。そうした状況を踏まえるならば、ここで築山殿がそのような選択をしたことは、ごく当たり前のことであったといってよい。築山殿にとっては、夫家康よりも、嫡男信康の存立のほうが、はるかに大切であったに違いない。

またその託宣では、築山殿は勝頼の妻になり、信康は勝頼の養子になることがみえている。こうした働きかけが有効であったのかどうかはわからない。ただ武田家と徳川家の同盟の証しとして、築山殿が勝頼の妻の一人になるという選択肢は、ありえないことではない。そうした事例としては、美濃岩村遠山景任《かげとう》後室（織田信貞の娘）が武田家家老秋山虎繁《とらしげ》に再嫁した事例、羽柴秀吉の妹旭姫《あさひひめ》（南陽院殿《なんよういんでん》）が徳川家康に再嫁した事例、扇谷《おうぎがやつ》上杉朝興《ともおき》の叔母（山内《やまのうち》上杉憲房《のりふさ》後室）が武田信虎に再嫁した事例、肥前竜造寺隆信《りゅうぞうじたかのぶ》の母が家老鍋島清房《なべしまきよふさ》に再嫁した事例などがある。また羽柴秀吉の死後、秀頼《ひでより》母の浅井茶々《あざいちゃちゃ》が徳川家康に再嫁することが検討された、というのもその一例に数えられるであろう。このことからすれば、築山殿が勝頼に再嫁するという選択肢は、十分に存在したとみなされる。

これらのことからすると、築山殿が武田家に内応したことは、ほぼ確かなことであったように思う。それは嫡男信康の存立を考えてのことであった。築山殿は、武田家のもとで、信康を当主に戦国大名徳川家の存続を果たそうとしたと思われる。しかし謀議は露見して謀叛事件は未遂に終わり、石川春重ら主謀者は処罰された。しかし謀議の大きさのわりには、処罰されたのは中心メンバーだけにすぎなかったとみなせる。おそらくは多くの信康家臣団が参加していたことであろう。しかしそれをすべて処罰してしまっては、信康家臣団は崩壊してしまうし、何よりも武田家との抗争のなかで、それはできなかったことであろう。そのため主謀者だけの処罰とし、また事件も大岡弥四郎の個人的な野望によるものと矮小化させたのであろう。

この事件に、築山殿が関与していたことは、家康も十分に認識したに違いない。しかし築山殿を処罰すれば、それは家中の大混乱を生じさせ、さらなる叛乱を引き起こしかねない。家康はそのように判断して、築山殿の行為については不問に付したと思われる。しかしこの事件は、築山殿と家康との関係を、決定的に悪化させることになったであろう。けれども家康は、築山殿を離縁しなかったし、あるいは築山殿に代わる妻を迎えることもしていない。その理由をどのように考えればよいかはすぐにはわからないが、正妻を簡単には離縁できなかったのだろうし、それに代わる妻を簡単には立てられなかったという、正妻の地位の重さをうかがうこともできよう。

亀姫の結婚

家康は、大岡弥四郎事件を克服して徳川家中の分裂を抑止し、続く長篠・設楽原合戦での勝利により、武田方への反転攻勢の契機を獲得した。その合戦での最大の功労者というべき存在が、長篠城主となっていた奥平信昌であった。信昌はこの天正三年（一五七五）二月二八日に、家康から長篠城を与えられ、同城の守備を担った（「当代記」前掲刊本・二三頁）。この時、長篠城はまさに武田方への最前線に位置していた。そして五月一日から武田軍の攻撃をうけた。信昌がこれを死守し続けたことで、織田信長と家康の援軍が設楽原に着陣し、二一日にそれを武田軍が攻撃したことで、長篠・設楽原合戦にいたったのであった。

武田軍が敗退したあと、奥三河の諸城に在城していた武田軍も後退した。そのため作手領・田峯領などは徳川方に帰属した。家康は、それら設楽郡域一帯を、かねての約束の通り、信昌に所領として与えた（同前二四頁）。これにより信昌は、一躍して、設楽郡一帯を領国とする有力国衆となった。さらに、これもかねての約束であった長女の亀姫との結婚が、あらためて取り決められたとみなされる。

この結婚について、『三河物語』にはこれに信康が反対であったことを記している（前掲刊本・一六四頁）。ちなみに同史料は、これを奥平定能・信昌父子が家康に従属したことに続けて記しているが、信昌に長篠城を与えたのちのこととして記しているので、具体的には合戦前後のこととみなしてよい。

奥平道文（道紋、定勝）の嫡子作州（美作守定能《みまさかのかみ》）は勝頼に別心をして、御忠節を申し給えば、長篠の城を出し給いて、九八郎（信昌）を頓て婿殿になされんと仰せければ、信康の仰せらるる様には、存知もよらず、我等が妹婿に何として九八郎を仕まつらん哉と、仰せられければ、さすがにおしてもならせられ給わずして、信長へ仰せられければ、信長より仰せられ候えば、尤も信康の仰せ候儀、承り届けたり。然れ共、忠節人の事、又は大事の境目を預け置き給う間、次郎三郎殿（信康）不承を堪忍成され候えて、家康に任せられ候て、尤もかと存知候と仰せられければ、親達の仰せられ候間、何と成り共、御存分次第と仰せられける間、さてこそ奥平九八郎へ御輿は入りける。

ここで信康は、亀姫を奥平信昌と結婚させることについて、「考えられない、私の妹婿に信昌をするなど」と述べたという。しかし無理に反対もできないので、織田信長に申し入れしたところ、信長からは「信康の見解は承知した、けれども信昌は忠節人であり、かつ重要な境目を守備しているので、信康はその考えを我慢しなさい、家康の考えの通りにするのがよいと思う」と言われたため、「親の決めたことなので、どうであろうとお考えの通りである」と言って納得し、亀姫は信昌に輿入れした、とある。

ここに信長が登場しているということは、これは信長が岡崎城に到着した時のことであろう。信長は五月一五日に同城に到着している（愛11一一五二）。合戦後については判明しないが、美濃への帰途に同じく同城に立ち寄ったことは十分に考えられるから、これはいずれかでの出来事とみられる。ちなみに信長が岡崎城を訪問するのは、これが初めてのことになる。おそらく信長は、ここで娘の五徳と、その結婚以来となる久方ぶりの対面を果たしたことと思われる。

なお信康はおそらく、それ以前に信長との対面を果たしていたと思われる。前年六月、信長は家康への援軍として三河吉田城まで進軍していて、家康がこれを出迎えている（愛11九五四）。信康がそれに同陣したか史料で確認されないが、出迎えなかったとは考えられないので、おそらくはその時に対面したであろうと思われる。

さて話を亀姫の結婚に戻そう。信康はこの亀姫の結婚について反対であり、それを岳父信長に申し入れしている、というのが興味深い。父への反対意見を、信長から家康に述べてもらうことで、家康の考えを変えさせようとしてのことであろう。家康が、信長から意見されれば従わざるをえないことを、よく認識していたことがわかる。しかし信長は、家康の意見に賛成であり、逆に信康に、承知するよう諭している。そのため信康も、承知せざるをえなくなっている。結果として、信長が家康の意見を支持したために、反対意見は封じられることになった。

ここでの信康の意見は、信康個人のものにすぎなかったのか、それとも少なからぬ徳川家中《かちゅう》の意識を反映したものなのか、あるいは築山殿の意向をうけたものなのか、いろいろと考えられる。ただし『三河物語』がこの話をあえて記していることからすると、徳川家中においてそのような意見が広くみられていたように感じられる。信康はそれを代表して、反対意見を示したのかもしれない。この結婚が、信長の指示によることを伝えるものに、奥平家の家伝がある。すでに『寛永諸家系図伝』（刊本六巻・一四〇頁）にそのことが記されていて、信長が家臣・西尾吉次《よしつぐ》を通じて家康に婚姻を指示したとしている。実際には家康の判断によるのであったが、信長の後押しがあったことで実現した、との認識が、そう記述させたのかもしれない。

さらに信昌は、特別に信長のもとに出仕を認められた。八月に信長の本拠・美濃岐阜城に、酒井忠次の同道によって、出仕している。そして今回の武田家の敗北は、偏《ひとえ》に信昌の活躍によるもので、信昌はとても有能である、と褒められ、指し刀と着用していた帷子《かたびら》、それに唐物筒服を与えられたという（「当代記」前掲刊本・二五頁）。信昌は、とりわけ信長から高い評価をうけたことがわかる。それは家康にしても同様であった。だからこそ、設楽郡全域を信昌に与え、さらに亀姫との結婚を決めたといえるであろう。二年前に定能・

信昌父子が家康に従属した際に、家康は好条件を示していたが、肝心の奥平家の立場が不安定になったことで、それらの条件は保留の状態に置かれてしまっていた。その実現のためには、定能・信昌父子の頑張りによるしかなかった。今回の長篠籠城戦を戦い抜いたことで、信昌は見事にそれを果たしたのだといえよう。

しかも設楽郡全域は、信昌に与えられた。そのためそれをもって、信昌は奥平家の家督を継いで、当主になったとみなされる。そして亀姫との結婚は、同四年七月におこなわれたと伝えられている（「徳川幕府家譜」『徳川諸家系譜第一』三五頁）。このことを他の史料で検証することはできないので、ここではそれを信じておくことにしたい。亀姫が永禄三年（一五六〇）生まれとすれば、一六歳のことであった。しかし先に述べたように、亀姫の生年はもっと遅かった可能性もあり、また結婚も、天正五年に信昌長男の家昌が誕生した後の、同六年頃とする可能性も残されている。その解決はここではなしえないので、今後の検討によって解決されることを期待したい。

ちなみにこののち、奥平信昌の所領支配は、自立的におこなわれるものとなり、それはすなわち、国衆としての領国支配として展開された。三河国衆でそのような自立性を認められたのは、信昌だけであった。それは例えば、徳川家がおこなう領国検地の対象外とされていたことから認識される（柴裕之『戦国・織豊期大名徳川氏の領国支配』）。信昌がそのような領国支配における特権を認められたのは、いうまでもなく亀姫の婿となったからであろう。家康の娘婿であり、かつ大規模な国衆領国を形成する存在となったために、そのような特権を認められたとみなされる。しかしそもそも信昌は、信長にも従属する両属の立場にあった。信昌が亀姫と結婚できたのは、そのような立場にあったからとも考えられる。信昌の立場は、他の三河国衆とは格別であり、むしろ他国の大名家にも準じるようなものであったと考えられる。

この亀姫の結婚は、築山殿にとっても感慨深いものがあったに違いない。ただ一人の愛娘であったからである。亀姫はおそらく、築山殿の屋敷で生活していたことであろう。結婚により、築山殿は、同居の家族がいなくなってしまうことになった。亀姫の結婚が、天正四年のことであったか、あるいは同六年頃のことであったかで、築山殿の置かれていた状況は大きく違っていたであろうから、築山殿がうけた影響も、異なったことであろう。それでもようやくに子どもの養育を終え、同時に一人で居住することになったという境遇の変化に変わりはなかったであろう。

なお亀姫は、家康の嫡女として、その後も死去するまで存在を示し続けていく。気丈な性格であったことを伝えるエピソードが多く残されているので（『加納町史上巻』『奥平信昌と加納城』）、個性の強い人物であったのは確かなのであろう。亀姫のその後の生涯を追究してみるのも、興味深い課題と思われる。またその性格には、築山殿から受け継いだものもあったかもしれない。亀姫のことがわかっていけば、築山殿のことでわかってくることもあるように思う。亀姫の生涯が解明されていくことを期待したい。

第五章

信康事件と築山殿の死去

家康による武田家への反撃

天正三年（一五七五）五月の長篠・設楽原合戦での勝利は、織田信長・徳川家康両者にとって、対武田戦争での画期となった。合戦に、家康・信康が同陣して参戦したことはいうまでもない。信長も嫡男信忠と同陣しての参戦であった。信康はこの時に、信忠とは初めて対面したことであろう。

合戦後、信長と家康はそれぞれ、武田方への反攻を展開する。信長は、信忠と、信忠の補佐役であり家康への指南でもあった佐久間信盛に、奥三河攻略をさせた。これには奥平定能・信昌父子も従軍したらしい。六月二五日に奥三河田峯領の武節城を攻略し、同城は信昌に与えられた。信長はこれを聞くと、続けて東美濃経略のため、信忠と佐久間信盛に美濃岩村城（恵那市）攻略を指示した。その際に、家康は信康を援軍として派遣することを申し出たが、同二八日、信長は佐久間信盛に宛てた書状で、無用であると指示している（愛11―一一四）。家康としては、長篠・設楽原合戦で信長の援軍をえたため、その返礼のつもりであったろう。しかし信長は、必要ないとしたのであった。

このことからすると、この奥三河攻略には、信康も参加していたと考えられるかもしれない。そのためそのまま美濃への出陣を申し出たのかもしれない。すでにその時、家康は遠江中央部に出陣していたから、ここで信康の名が出ているということは、この時に信康は家康とは別行動にあったことをうかがわせる。ちなみにその書状で、信康は「松平三郎」と記されていて、信康の名字が松平、仮名が三郎であったことが確認される。その意味でその書状は、重要な史料になっている。

作手領・田峯領など奥三河の経略は、信忠軍によってなされたらしい。奥平父子の従軍のほか、信康も参戦していたとしても、主力は信忠軍であったろう。先にも記したように、それらはその後、奥平信昌に与えられた。そうすると信昌が、その後の八月に岐阜城の信長のもとに出仕したのは、それら所領を拝領した御礼のためとも考えられる。このことからも信昌は、家康と信長に両属する立場であったとみることができる。この信昌の立場をどのようなものと考えるかは、家康の家臣団編成の性格や、信長と家康の関係を考えるうえで、重要な問題になりうる。

さて家康はというと、合戦後すぐの五月二七日に、遠江中央部に進軍した。六月下旬から七月初旬に光明城《こうみよう》（浜松市）を攻略、七月中に犬居城（同）を攻略して、犬居領の大半を経略した。八月二四日には諏訪原城《すわはら》（島田市）を攻略、続けて小山城《こやま》（吉田町）を攻撃した。すると九月に入って、武田勝頼が援軍として出陣してきた。この時には信康も、家康の陣に加わっていて、殿軍《しんがり》（後退の際の最後尾の軍勢）を務め、徳川軍は、諏訪原城改め牧野原《まきのはら》城に後退した。信康は殿軍を務めることができるほどに、武将として成長をみせていたことがわかる（『三河物語』前掲刊本・一七七頁）。

武田軍とはしばらく対峙する状態となったが、九月下旬に武田勝頼は甲斐に帰国し、これをうけて家康も帰陣したと思われる。家康はまた、別軍勢をもって二俣城（浜松市）の攻撃を続けていたが、一二月二三日に攻略した。こうして家康は、長篠・設楽原合戦後の反攻によって、遠江中央部の制圧を遂げた。武田方として残ったのは、犬居領の北部、高天神領と小山領だけになった。これにより家康は、武田家から本拠・浜松城を攻撃される脅威から、ようやくに解放されることになった。

家康は、長篠・設楽原合戦での勝利の勢いに乗って、遠江の大半の経略を遂げた。ただしそれは、武田軍が、同合戦で「一手役《いってやく》」（戦闘単位となる軍団の大将）を務める家老の多くが戦死したため、軍団の構成を再編成せざるをえなくなっていて、そのため十分な反撃ができない状態にあったからであった。その後、武田勝頼は短期間のうちに軍団の再編成を果たし、翌天正四年初めには、再び三河侵攻の姿勢をみせるまでになっている。家康は同四年八月に、駿河西部に侵攻し、初めて駿河に進軍したが、武田軍の迎撃にあい、成果をあげられなかった。家康にとって武田家は、まだまだ単独で対応することのできない、強敵であった。

信康の悪行のはじまりか

この天正四年（一五七六）のこととして、「当代記」（前掲刊本・二八頁）と「松平記」（前掲刊本・一四九頁）に、信康の動向が二件記されている。

まず一つ目は、ちょうど家康が駿河に進軍した八月のこととして、この一、二年、岡崎の村々では踊りが流行っていて、それは信康が好んだからという。そして信康は、不快の踊りをした者を弓で射殺したという。さらに「当代記」は、翌天正五年にも踊りの流行があったことを記していて、信康が、三河衆に踊りを流行らせろと命じ、それぞれ軍団ごとに踊ったという。家康はこれを知って、よくないことと思ったが、とても意見を聞く様子でなかったので、諫言《かんげん》しなかったという（前掲刊本・三二頁）。このことが事実かどうかわからない。しかし「当代記」に二ヵ所にわたって記されているということは、実際にそうしたことがあったのかもしれない。

『石川正西聞見集』（前掲刊本・三頁）にも、信康の行状について、「悪戯なる事ばかり成され候まま、御下衆難儀仕られ候」と、行状がよくなかったため、家臣が苦労した、と記されている。それをみると信康の行状の悪さは、徳川家中では衆知のこととなっていたのであろう。ただしそれが、のちに信康が謀叛事件により処罰されたことからさかのぼらせて、あたかも信康の資質に問題があったかのように繕ったもの、という可能性も想定できなくもない。このことについては、のちにあらためて考えることにしよう。

次に二つ目は、九月に、信康の小姓であった「さはせ」（佐橋とも）甚五郎という者が、武田家家老の甘利《あまり》三郎次郎信頼《のぶより》を小山城で殺害したという事件があった。甚五郎は以前に、同僚の金熨《の》斗《し》付け（装飾）の刀大小を盗んだことが露見したため逃亡した人物で、この二、三年は甲斐にあって、甘利と恋愛関係になり、甘利とともに小山の陣中にいた。そこで甘利の寝首をかいて、自分の大小の刀を捨てて甘利の大小の刀を奪い、かつての盗みはなかったように装って、甘利の頸を家康の陣中に持参した。家康は出仕を認めた。しかし信康は、このことを聞いて、甚五郎を憎んでいて、何かあったら成敗しようと考えていたため、一、二年のうちに甚五郎は再び他国に逃亡した、というものである。

これは信康が、家中で盗みを働いた元小姓の甚五郎を、決して許さなかった、という話といえよう。ただ家康が召し抱えてしまったため、手出しはできなかったが、信康の殺意を感じた甚五郎が逃亡した、ということと思われる。この信康の態度は、当時の武家社会において特異なものではなく、ごく当然のことといえる。家中における窃盗は処刑ないし追放刑の対象であった。信康が甚五郎を処刑しようとしたのには、納得がいく。しかしあえて記すような事柄のようには思えない。

「当代記」はこれを、先の踊りの話に続けて記している。「松平記」も同様であるが、それは「当代記」をもとにした記述とみなされる。「当代記」が、なぜ信康に関わる逸話を二つ続けて記しているのか、その理由はわからない。もとになる記録にそうあっただけなのかもしれないが、それでも採用しなければならない内容とは思われない。ともあれこの二つの話は、信康の気性や性格をうかがうことができる、数少ない逸話であることは確かである。

信康事件の発端はいつか

ここから築山殿と信康の運命を決する、いわゆる信康事件へと話をすすめていくことになる。この信康事件については、最近、本多隆成氏によって研究史の整理と事件の経緯のまとめがなされている（「松平信康事件について」）。これまでの研究でどのような見解が出されていたのかについては、本多氏の研究を参照していただきたい。ここでは私なりに、事件の経緯をたどっていくことにする。

それにあたってまずは、事件の発端となる時期について確認しておくことにしたい。というのは、事件の発端となる事柄は、信康の妻の五徳が、信康の不行状を列記した一二ヵ条の条書《じょうしょ》で父信長に訴訟したこととされている。それについて『三河物語』と、それに拠ったとみなされる「松平記」は、それを天正五年（一五七七）のこととしている。そのためこれまで、この問題はこの年にはじまったとみられてきた。

しかしながら両史料は、その話の流れで、二年後になる信康切腹までを記している。しかも『三河物語』は、信康切腹の時期を、同六年の「十五日」（九月のことであろう）として、一年誤っている。このことからすると、五徳が出した一二ヵ条は、天正五年ではなく、同六年のこととみることができる。

それでは五徳が信長にこれを差し出した時期は、いつと考えられるであろうか。『三河物語』は、五徳が訴状を、家康の筆頭家老・酒井忠次を通じて信長に出したと記している。しかしその時の信長の居所については記していない。それについて「松平記」は、信長の居所を岐阜城とし、そのためこれまでは、酒井忠次は岐阜城に赴いたと理解されてきた。しかし当時の信長の本拠は近江安土城（近江八幡市）であったから、整合せず、確かな根拠をもとにしたものとは思えない。

そうした場合に注目されるのは、天正六年正月二一日に、信長が岡崎城を訪問していることである（愛11一二六八）。これは信長が、三河吉良に鷹狩りに来ていて、そのついでに立ち寄ったものであった。もっとも信長は、二年前の天正四年一二月二三日から二六日と、前年の天正五年の一二月一五日から一八日頃にも、吉良に鷹狩りに来ていた（愛11一二二一・一二六二)。

天正四年の時には、一三日に清須城に入って、しばらく同城に滞在して二二日に吉良に赴き、同地に三日滞在して、二六日に清須城に戻っている。同五年の時には、前日に清須城に入って、一五日に吉良に赴き、一九日には岐阜城に戻っている。その間、岡崎城に立ち寄ったかどうかは記されていないが、同五年の時には、翌一六日に、家康が浜松城から岡崎城に来ているので(愛11一二六一)、信長は岡崎城を訪問し、家康はそれを出迎えた可能性はあるかもしれない。同四年の場合については、家康が出迎えたのかどうか史料はないが、出迎えなかったとは考えられないから、やはり出迎えたであろう。

そうであれば信長は、天正三年以来、毎年におよんで信康と五徳に対面したことであろう。その時に、五徳から何か言われたのかもしれない。そもそも信長が、このように家康の領国である吉良に、わざわざ鷹狩りに来たのは、この時期のことだけであった。そのためその来訪には、信康と五徳の夫婦問題の存在が想定されている(平野明夫「徳川家康の正室──築山殿」小和田哲男編『戦国の女性たち』所収・「徳姫［徳川信康室］」『歴史読本』編集部編『信長の子 覇王の血を継ぐ三六人の謎』所収)。

しかも信長は、天正六年正月の場合は、前年一二月に来ていたにもかかわらず、年がかわってすぐに、また吉良に鷹狩りに来たのであった。そこには何らかの岡崎城を訪問しなければならない理由があったのではないか、と容易に推測できると思われる。家康も正月一六日に岡崎城に到着していて、おそらくは信長を迎える準備をしたことであろう。そして信長は、二一日に岡崎城を訪問した。この時も、信長は信康と五徳と対面したことであろう。

五徳が信長に一二ヵ条の訴状を差し出したのが、天正六年のことであったとしたら、それはこの時のことだったのではなかろうか。そうであれば事件の発端は、この天正六年正月のこととみることができるかもしれない。もしかしたら前年一二月に訪問した際に、五徳から何らかの訴えがあり、信長はそれが気にかかって、すぐの再訪となったのかもしれない。そこで五徳から訴状が出されたという経緯であったのかもしれない。

信康と五徳の夫婦問題

五徳が信長に出した一二ヵ条の条書については、『三河物語』に詳しく記されている（前掲刊本・一七七頁）。長文なのでおおまかに内容をまとめておくことにしよう。

五徳は信康を中傷して、一二ヵ条の条書にまとめ、酒井忠次に持たせて信長に提出した。信長は忠次を呼んで、書き立ての内容について逐一確認した。一〇ヵ条について忠次が承知していると答えたので、残り二ヵ条は読まずに、家老が承知しているのであれば疑いがなく、これでは将来、信康は物の役に立たないだろうということで、切腹させよと家康に命じる、と言ったので、忠次はこれを承って帰った、とある。

一二ヵ条の内容について記しているのが、「松平記」である（前掲刊本・一五〇頁）。①鷹狩りで獲物がなかった腹いせに、帰途に出会った僧侶を馬に縛って引きずり殺した、②踊りが下手だといって、町の踊り子を弓で射殺した、③その他の悪行、④家康から不信に思われていること、これらを人が言っているよりも誇張して書き、⑤築山殿の不行儀、⑥武田家から唐人医を召し寄せて謀叛を企てたこと、などをいろいろ細かに書き記した、とみえている。このうち②の踊り子の殺害については、先に取り上げた「当代記」に記されていたことにあたろう。また⑥は、天正三年の大岡弥四郎事件に関わるものになる。しかしその他については、他の史料にはみられていない。

「松平記」では、この条書をみて驚いた信長が、酒井忠次と同じく家老の大久保忠世《ただよ》を呼び寄せて、酒井と大久保から、「これまで信康には、酒井らが何度も諫言したものの、信康は聞き入れず、しかも酒井・大久保を不快に思うようになっている」ということを聞いて、信長は立腹し、「このような悪人で家康の跡を継ぐことができようか、あとで必ず家の大事になる」と怒り、これをうけて酒井・大久保は、「もっとも御意見の通り、（信康は）悪逆人で、御意見はもっともである」といった、と記している。

興味深いのは、信長から尋問をうけたものとして、酒井忠次のほかに、大久保忠世がみえていることである。『三河物語』では、大久保の存在は記されていなかった。しかし一二ヵ条の条書の経緯を知っていた。そうすると実際には、「松平記」が記すように、信長に対応したのは酒井と大久保の二名であった可能性が高い。『三河物語』は、大久保一族の大久保忠教の著作であり、この件について、信長に反論しなかった酒井忠次を非難しているので、大久保忠世が同席していたとは書きづらくなり、大久保の存在をあえて伏せて書いたのではないかと思われる。しかし大久保が同席していたからこそ、『三河物語』が一二ヵ条の条書の経緯を記すことができたのだと納得できる。

また「松平記」は、それにあわせて、信康と五徳の不和の状況、信康と築山殿の人物評を記している。信康と五徳が不和になったのは、信康が「とんでもない荒くれ者で、武芸には勝れていて、家康にも劣らなかったが、とても荒ぶれた人で、少しも慈悲ということを知らない」人であったからという。築山殿については、「駿府に人質として置かれていた時に、家康は手を付けた女子が多くいて、子どもも多くいた、築山殿は三河に移ってからは、築山に居住したため、家康とは不仲になった、築山殿は常日頃、自分こそが本妻で信康の母であり、しかも私の父は家康のせいで命を失っているので、皆は私こそ尊重してしかるべきなのに、このように無下にされているのは無念である、と言っていて、いつもいろいろと恐ろしいことを言って、立腹していた」としている。そして五徳が娘を産んだことについて、信康も築山殿も喜ばず、次にも娘が産まれたので、信康と築山殿は立腹して、五徳と信康は不仲になった、と記している。

信康の性格が、乱暴者であったのかどうかは、実際にはわからない。そこでの表現は、一二ヵ条の条書における信康の不行状に対応させたものにすぎないように思う。また築山殿についての内容には、多くの誤りがみられている。これまで記してきたように、築山殿は家康と離れて駿府に人質としてとどまってはいなかったし、その間に、家康が別妻や妾をもって子どもが生まれたということもなかったし、築山殿の父・関口氏純も死んではいなかった。このことからすると、これらの内容は、確かな根拠をもとにしたものではなく、江戸時代中期になって生み出された物語的な創作とみてよいと考えられる。

しかし信康と五徳が不和になったのは、確かなようである。そのことは「岡崎東泉記」にみることができる。

築山様は関口刑部殿御息女、御娵子様は信長公御息女にて、兼ねて御中好からざりしに、信康公楊枝を通させ給いし時、御前様（築山殿）に御取り給われ、と御申し候えば、御返事もなくして御座ありし時、信康公局（五徳）を大き御叱り、諸事仕付け悪

しきにより、此の如くと仰せられ候えば、其の事をふくれて、信康公の御事十ヶ条書
きて信長公に遣わしけり、信長公驚かせ給いて、家康公御家老へ申し来たり、

ここでは、築山殿と五徳は、五徳が信長の娘であったため、以前から不仲であったことを前提に記しているが、先に述べたように、そのようなことは考える必要はない。それよりむしろ、その後に記されている内容は、『三河物語』「松平記」とは、かなり違ったものになっていて注目される。そこでは、信康が楊枝を使っていた時に、五徳に、築山殿にも楊枝を取ってあげるように、と言ったのに、五徳は返事もしなかったので、信康は五徳を大いに叱って、「何についても躾が悪いからこうなのだ」と言ったので、五徳はそのことにむくれ、信康の行状を一〇ヵ条の条書に書いて信長に差し出した、とある。そして信長はその内容に驚いて、家康の家老に連絡してきた、という。

ここにも、五徳が信康の行状を条書に書いて信長に訴訟したことがみえている。そのためこのこと自体は、事実であった可能性が高い。しかしその条数は一〇ヵ条であったとされる。これは『三河物語』などが記す一二ヵ条とは、条数が異なっている。『三河物語』では、信長は一二ヵ条のうち一〇ヵ条まで読んだだけのように記していたが、もしかしたら本来は一〇ヵ条のもので、話を面白くするために、二ヵ条の存在が追加され、それをあ

えて信長は読まなかった、としたのかもしれない。とはいえいずれも後世成立の史料なので、確かなことは言いえない。

そして信康と五徳の不仲の原因は、五徳の態度にあったとしている。『三河物語』は、不和そのものについて記していなかったが、「松平記」は、信康の性格の粗暴さと、築山殿の家康からの処遇への不満をあげていた。しかしこの「松平記」の内容は、物語的な創作とみなさざるをえないものであった。そうしてみると、この「岡崎東泉記」の内容が、もっとも自然のように思える。話は他愛もないもので、五徳が築山殿に楊枝を取ってあげなかったことに、信康が怒り、罵ったために、五徳がむくれて、その意趣返しとばかりに、信康の行状を悪し様に記した条書を書いて、信長に告げ口した、というもので、夫婦喧嘩にありがちな状況であろう。

そのなかで問題として取り上げられるとすれば、五徳が築山殿に対して、存外な態度をとっていたらしいことである。築山殿と信康夫妻は別居していたから、この話は、築山殿が信康夫妻を訪れた時のことになろう。五徳はいわば、築山殿に対して、嫁としての態度をとらなかったことになる。しかしそれは無理からぬことでもあった。この当時、信長は「天下人」の地位にあり、家康はその従属大名の立場にあった。信康はその嫡男でしかなかった。五徳は信長の娘であり、しかも長女であった。五徳としては、信康とその家族よりも、自分のほうが地位は上との認識があったに違いない。実際にもそのように理解してよく、五徳の認識は当然のことと思われる。しかも信康・五徳ともに、まだ二〇歳という若さであったから、未熟なところがあって不思議ではない。

こうしてみると、五徳が条書を信長に差し出したのは、他愛もない夫婦喧嘩によるにすぎなかったと思われる。しかしその条書のなかに、築山殿が武田家に内通していたことが記されていたため、事が大きくなってしまったのではなかろうか。ただしそのことだけが原因で、信康事件が起きたとは思われない。それについてはのちにあらためて述べていくことにして、ここでの最後に、信康と五徳の子どもについて触れておきたい。

両者のあいだには、天正四年（ただし同五年説もあり）に、長女が生まれていた。名を福《ふく》姫（あるいは登久《とく》姫とも）と伝えられ、同一八年に、信濃深志《ふかし》領の国衆であった小笠原秀政《ひでまさ》（一五六九〜一六一五）と結婚する。次女は、天正五年の生まれで、名を久仁《くに》（あるいは熊《くま》姫とも）と伝えられ、同一九年に家老本多忠勝《ただかつ》の嫡男忠政《ただまさ》（一五七五〜一六三一）と結婚する。信康と五徳のあいだには、年子で二人の娘が生まれていた。生年の所伝が正しければ、五徳は一八歳で長女を、一九歳で次女を産んだことになる。その年齢であれば、まだまだ子どもを産んだことであろう。やがては男子も生まれ、そうすれば信康の嫡男となったことであろう。しかしその機会が訪れる前に、信康は死去してしまうことになる。

ところで余談だが、ここで不思議なことがある。築山殿にしても、五徳にしても、その母の生駒氏にしても、また家康の長女亀姫にしても、平気で年子で子どもを出産していることである。この後、家康の三男秀忠・四男忠吉も同じ母から年子で生まれている。もちろん年子での出産は可能であるし、決して珍しいことではない。しかし年子の出産は母体への負担が大きく、そのため戦国時代においても避けられていたと考えられる。実際にも今川氏親妻・寿桂尼（五人）、北条氏康妻・瑞渓院（五人）、武田信玄妻・三条殿（五人）など、多くの子どもを産んでいる場合でも、年子の事例は確認できていない。また家康次女の督姫は、なんと九人の子どもを産んでいるが、年子の事例は一回しかみられていない。しかし織田信長・徳川家康の周辺では、その場合がよくみられていた。たまたまのことであったのか、それとも彼らは母体の健康にあまり考慮しない傾向にあったのか。追究してみる価値はありそうな問題ではなかろうか。

家康と信康の亀裂

「松平記」には、先の五徳の一二ヵ条の条書に関して、信康が家康から不信に思われていたことがあげられていた。家康と信康の関係の変化を考えるにあたり、このことは見過ごせないであろう。では実際にそのような状況をみることはできるのであろうか。そうであったとすれば、いつ頃からのことであったろうか。これについては、松平一族の深溝松平家忠の日記『家忠日記』に手がかりをみることができる。その検討は、すでに新行氏・谷口克広氏（『信長と家康』）・平山優氏（『武田氏滅亡』）・本多隆成氏（『徳川家康と武田氏』）によっておこなわれているので、ここではその内容をもとに述べていく。あらかじめ重要となる記事を掲げておこう。

記主の松平家忠は、三河深溝（幸田町）を本領とする松平一族であり、西三河衆である。記録は前年の天正五年（一五七七）から残っていて、その頃には、三河に本領をもった有力家臣（同史料では「国衆」と記される）は、岡崎城に出仕し、城下に屋敷を構えていて、妻子とともに居住していた。当主は、本領と岡崎屋敷を行き来する状況にあった。岡崎城への出仕と、城下屋敷での妻子ともどもの居住は、大名徳川家との主従関係にもとづき、またそれを明示する行為であった。そのことを前提にして、以下の記事をみていこう。

まず最初に注目されるのは、同六年二月四日の記事である。「信康御母さま」、すなわち築山殿が、深溝松平家忠に通信したことが知られる。ちなみにこの記事が、本書冒頭で触れたように、築山殿について記す当時における唯一の史料になっている。それとあわせて同月一〇日に信康が深溝に松平家忠を訪問している。通信の内容と、訪問の理由は記されていないが、築山殿・信康が、松平家忠に親しい態度をとっていたことがわかる。何気な

天正六年二月四日	信康御母さま（築山殿）より音信成され候、（前掲刊本・八頁）
同　二月一〇日	深溝へ信康参られ候、（愛11一二七二）
同　九月五日	家康より鵜殿善六（重長）御使、岡崎在郷無用の由仰せ越され候、（愛11一二九二）
同　九月二二日	吉田左衛門尉（酒井忠次）所より、家康各国衆岡崎在郷の儀無用の由申し来たり候、
同　九月二三日	在郷に付いて鵜殿八郎三郎（康孝）・松平太郎左衛門（景忠）・我等両三人の所より、石川伯耆（数正）・平岩七之助（親吉）所へ使者を遣わし候えば、早々在所へ越し候えの由申し来たり候、
同　九月二五日	石川伯耆・平岩七助所より在所へ越し候えの由申し来たる、
同　九月二六日	深溝へ女共引き越し候、
同　九月二七日	深溝へ越し候、
同　一〇月二八日	信康へ出仕し候、（愛11一三〇五）
同　一一月一五日	信康各国衆に振る舞い成され候、（前掲刊本・二九頁）
同　一二月二日	家康は岡崎へ越され候、（前掲刊本・三一頁）
天正七年正月一九日	家康は岡崎へ御越し候て岡崎へ越し候、（愛11一三一三）
同　正月二〇日	家康、吉良へ御鷹のため御越し候、

『家忠日記』にみえる記事

い記事のようにも思えるが、築山殿の通信、信康の訪問は、その後にはみえず、この時一回だけのことになっているから、異例のこととみなされる。他の有力家臣にも同様の行為をおこなっていたのかはわからないが、可能性としてはありうる。とりわけ築山殿が通信するということは、日常的にみられたとは考えられないので、これは特別な行為であったと理解できると思う。

そして時期は、織田信長が岡崎城を訪問した直後にあたっている。先にその時に、五徳の条書が信長に差し出されたことを推測したが、そうすると築山殿・信康の行為は、その直後になり、かつその行為が異例のことからすると、五徳の条書差し出しに対応した行為と考えられるように思う。では築山殿は、どのような目的で通信したのであろうか。もちろんそれはわからない。しかし状況から推測すると、五徳の条書を通じて、かつてにおける武田家への内通が信長に露見したであろうことをうけて、信康への支持をとりつけようとする、多数派工作であった可能性を想定できる。そして信康も、築山殿の通信の直後に、相手を訪問していることからみて、それに同調していたと考えられるであろう。

九月五日からの動向は、そうした築山殿・信康の行動に対する、家康の対応を示している。その日、家康は、三河衆の岡崎城下屋敷での居住を禁止し、本領での居住（「在郷」）を命令した。しかし三河衆は、その意図を図りかねたのか、すぐにはそれを実行しなかった。そのため家康は、二二日に、筆頭家老の酒井忠次から、あらためて各有力家臣に通達させた。それをうけて松平家忠は、翌日に西三河衆の寄親の石川数正と、信康家老の平岩親吉に使者を送って、内容を問い合わせた。その二日後の二五日、石川数正と平岩親吉から本領に居住するよう指示が出されてきた。これにより松平家忠は、命令内容を理解して、翌二六日にまず妻を本領の深溝に帰らせ、家忠自身もその翌日の二七日に深溝に帰っている。おそらくこのような本領での居住を、その他の有力家臣も実行したと考えられる。

家康はなぜ、三河衆を本領に居住させることにしたのか。それは城主信康との関係を引き離そうとしたとしか考えられない。それまでは、三河衆を、三河における徳川家の支配拠点であった岡崎城に出仕させ、城下の屋敷に居住させることで、徳川家によるそれら有力家臣への統制を実現していた。ところがそれを解除したのである。一見すると、そうした有力家臣への統制を放棄したことにもなってしまう。そもそもそれら有力家臣の主君は、浜松城在城の家康であり、岡崎城在城の信康は、その代理の立場にすぎなかった。しかし実際には、信康への出仕をおこなっていたことで、信康を主君と認識しかねない状況が生まれていたと考えられる。そうしたなかで築山殿・信康により、有力家臣への接近がみられるようになった。そのため家康は、それを切断するため、有力家臣に本領での居住を命じ、岡崎城下屋敷から退去させたと考えられる。

これは家康が、信康をすでに危険視するようになっていたことを意味している。「松平記」が、五徳の条書の内容として、家康の信康への不信をあげていたが、これはまさにそれに該当する事態とみることができる。この時点で家康は、信康をどのように処置するかを考えはじめるようになっていたと思われる。しかしそれは簡単に決断できることではなかったであろう。いまだ武田家との抗争が続いていたからである。遠江の大半を制圧し、さらに駿河にも進軍するようになっていたが、情勢はそれ以上の進展をみていなかった。それこそ一進一退の攻防が続いていたのである。そのようななかで、自身の代理を務めることができる唯一の存在であった嫡男信康を、簡単には排除できなかったと思われる。

実際にも信康は、依然として出陣し続けていた。『家忠日記』をみても、天正五年一〇月、遠江懸河から岡崎に帰陣（愛11一二四六）、同六年八月、遠江小山に家康とともに出陣（前掲刊本・二二頁）、同年九月、遠江から岡崎に帰陣（同前・二三頁）、同年一〇月、浜松へ出陣、続いて一一月に遠江馬伏塚《まむしづか》城（袋井市）へ出陣（愛11一三〇五、前掲刊本・二八頁）、同七年四月、吉田城を経て馬伏塚城に出陣（愛11一三二三）、と出陣を重ねていたことが知られる。これはこの時期、武田家との対戦においては、まだ信康の存在が欠かせなかったためと考えられる。

天正六年九月に、家康は三河の有力家臣の信康からの引き離しを図った。このことを築山殿・信康はどう認識したであろうか。状況の変化を認識しなかったわけはなかったであろうし、家康への不信を深めるようになったことであろう。信康は一〇月、浜松に在陣するなかで三河の有力家臣から出仕をうけており、一一月には、岡崎でそれら有力国衆へ振る舞い（接待）している。信康と三河衆の関係が、いまだ維持されていたことがわかるとともに、その関係を簡単には切断することはできなかったことがわかる。また信康も、その繋がりの維持に固執していたように思われる。

そうしたことをうけてか、家康は同年一二月と同七年正月に、相次いで岡崎城に赴いている。それまでの状況をもとに考えると、これは家康が信康と三河衆の繋がりを牽制しようとするものだったのであろう。家康と築山殿・信康のあいだには、かなりの緊張感が漂うようになったに違いない。

ちなみに「三河後風土記」（巻一六）という近世史料には、天正六年一二月一六日付で武田勝頼が「築山殿」宛に出した判物が記載されており、さらに五徳が織田信長に出した条書七ヵ条も記載されている。これまでの築山殿に関する地元研究者による研究では、それらを利用するものがみられている。この「三河後風土記」の成立時期は判明していないが、江戸時代後期には、寛永・正保《しょうほう》年間（一六二四～四八）以降の頃の成立と伝えられている（『改正三河後風土記』「凡例」など）。それが正しいかは確定されないが、のちにみる築山殿の法号についての記述から、改号した延宝《えんぽう》六年（一六七八）以前の成立の可能性が想定される。そうであれば江戸時代前期の終わりには成立していたとみることができ、それなりに信用できる部分もあるかもしれない（例えば信康と五徳の結婚時期について、同史料は『武徳編年集成』と同じ永禄一〇年五月二七日と記している）。けれどもこの武田勝頼判物と五徳条書については、当時の文体ではないので、虚構のものと判断される。物語的な創作によるものとみなされるので、ここではその存在について触れるにとどめ、その内容についてはあえて取り上げることはしない。

三男秀忠の誕生と北条家との同盟

家康が、築山殿と信康をどのように扱うか考えていたなかで、その決断にいたるうえで、大きな契機になったとみなされることに、二つのことが考えられる。一つは三男秀忠の誕生であり、もう一つは小田原北条家との同盟である。

三男秀忠（幼名長丸《ちょうまる》）は、天正七年（一五七九）四月七日に誕生している。母は、「お相《あい》（愛とも）」「西郷の局」と称され、死後の法号を宝台院殿《ほうだいいんでん》といった。出自については必ずしも明確になっていないようで、遠江秋山十郎の娘、服部平太夫《はっとりへいだゆう》の妹、三河西郷弾正《だんじょう》左衛門尉正勝《さえもんのじょうまさかつ》の養女とも、服部平太夫の娘、西郷左衛門尉清貞《きよさだ》の養女とも、戸塚作左衛《さくざえ》門《もん》の娘、西郷弾正左衛門家員《いえかず》の養女とも、戸塚五郎太夫忠春《ごろうだゆうただはる》の娘、母は西郷正勝の娘、初め蓑笠之助正尚《みのかさのすけまさなお》の養女、西郷正勝の嫡男義勝《よしかつ》の妻になり、元亀二年（一五七一）に大西郷義勝が戦死したことで後家になった、ともされる。最終的には西郷家の養女という立場にあったため、のちに「西郷の局」と称されたのであろう。永禄五年（一五六二）生まれとされる（中村孝也『家康の族葉』）。

秀忠の母の出自については、あらためて解明する必要があるように思われる。『石川正西聞見集』（前掲刊本・四頁）には、「将軍様（秀忠）御母は三河の内小川という在所の御人と承り候」とあるにすぎず、すでにその出自は江戸時代前期において明確になっていなかったことがうかがわれる。ちなみに小川（安城市）は、安祥城の近辺に位置するので、安祥松平家以来のゆかりの人物の娘であったことがうかがわれる。「岡崎奥勤め」したとあるので、家康には女房衆として奉公するようになったことがうかがわれる。しかし西郷の局が、西郷義勝の戦死により女房衆となったのであれば、それは岡崎城の段階でなく、最初から浜松城の「奥向き」であったとみたほうがよい。

女房衆になるにあたっては、正妻の築山殿の承認をうけてのことと考えられる。そして秀忠を天正七年四月七日に産んでいるので、前年七月には妊娠していたことになる。その時は、一七歳であった。この年齢からすると、「奥向き」への出仕は、その頃からのことであったように思われる。西郷義勝の妻になっていたというが、夫が戦死した時にはわずか一〇歳にすぎなかったことになるので、それが事実としてもかたちばかりのことであったに違いない。

問題は、秀忠の出産が公然とおこなわれたのかどうか、すなわち次男秀康の場合のように、築山殿からの干渉があったのかどうかであるが、そのような所伝はないので、築山殿からの干渉はなかったと思われる。その場合、築山殿はその出産を承知したのかどうか、あるいは築山殿の意向に関係なく、家康が出産させたのかどうか、が問題になる。その真相は不明だが、秀忠の誕生時、家康と築山殿・信康とのあいだには、すでに緊張関係が生じていたと考えられるから、築山殿が干渉しうる余地はなかったと思われる。そうであれば家康は、築山殿の了解をえることなしに、その出産を認めたことになる。

そして生まれた子は、男子であった。幼名を長丸と名付けているあたり、家康はこれを新たな「長男」と認識したのではなかったか。そうであればこの秀忠の誕生をうけて、信康に代わりうる嫡男をえたと思ったといえるかもしれない。もちろん幼児が無事に成長する保証はなかったが、西郷の局は、同八年九月に四男忠吉（幼名福松丸《ふくまつ》）を産んでいる。その妊娠は、同七年一一月頃のこと、秀忠誕生から七、八ヵ月後のことになる。こうした状況をみると、家康は同六年頃から、新たな後継者づくりに取り組むようになっていたことがうかがわれよう。そして無事に男子をえたことで、築山殿・信康への処遇を決断するようになったと思われる。

次に小田原北条家との同盟は、天正七年九月四日には成立していることが確認される（『家忠日記』前掲刊本・五二頁）。北条家との通信は、それこそ同年正月から開始されていた（『戦国遺文後北条氏編』二〇四八号）。北条家は当時、越後御館《おたて》の乱への対応をめぐって、同盟関係にあった武田勝頼とのあいだで、関係を悪化させるようになっていた。そのため両家のあいだでは、二月頃から同盟解消を睨んだ対応がすすめられるようになっていた。そして両家の同盟解消は、七月下旬におこなわれた。北条家はそうした動向にともなって、家康への接触を強めて、同盟の形成を求めてきていたことであろう。そして家康は、これに乗ったことはいうまでもない。これにより家康は、駿河・遠江の武田方に対して、北条家との挟撃作戦を展開できるからである。

この北条家との同盟は、それまで単独で武田家に対抗していた家康にとって、局面を劇的に好転させるものであった。この政治情勢の変化が、ついに築山殿・信康の処遇を決断する契機になったと思われる。

信康「逆心」事件

そうして家康は、ついに築山殿・信康を処罰することを決した。それを実行したのは、天正七年（一五七九）八月四日のことであった。信康を、岡崎城から追放して、三河西端の大浜（碧南市）に移した。では処罰を決断したのはいつ頃のことであったろうか。またそれから処罰の実行まではどのような経緯があったのであろうか。

その起点に位置したとみなされるのは、同年六月五日の出来事とみられる。『家忠日記』に「家康浜松より信康・御□の中直しに御越し候」（愛11一三二七）とある。途中に欠損があるが、その部分は「御新造」とあり、すなわち五徳のことが記されていたと推定されている。文面からすれば、信康と五徳の仲直りの仲介にあたった、ということになるし、これまでの研究もそのように理解している。ただそれはあくまでも外部の人間による観測でしかない。これから二ヵ月後に、築山殿・信康の処罰がおこなわれることからすると、これはむしろ、家康が五徳に、信康を処罰することの了解をえようとしたものと考えられないであろうか。

家康はここで五徳からの了解をえたうえで、七月になって、信長に使者を送った。使者は家老筆頭の酒井忠次であった。ちなみにこれまでの見解では、五徳の条書の差し出しをその直前頃のこととみて、酒井忠次がその内容について信長から尋問をうけたのはこの時と想定されることが多かった。しかしここでの使者は酒井忠次一人だけであり、五徳の条書に関する尋問は酒井と大久保忠世の二名でうけたとみなされるので、条書についての尋問は、この時のことではなかったとみてよいと思う。

これについては、「当代記」に記載がある（前掲刊本・三四頁）。

是（信康）信長の聟たりといえども、父家康公の命を常に違背し、信長公をも軽んじ奉られ、被官以下に情け無き非道を行われ、此の如し、此の旨を去月（七月）酒井左衛門尉（忠次）を以て信長へ内証を得られ候所、左様に父・臣下に見限られぬる上は、是非に及ばず、家康存分次第の由、返答有り、

酒井忠次が使者として信長に派遣されたのは、信康を追放する意向を伝え、その了解をえるためであった。追放の理由にあげられているのは、家康の命令に従わない、信長についても軽んじている、家臣に非道な振る舞いをおこなっている、というものであった。そして信長からは、「そのように父と家臣から見限られていてはどうしようもない、家康の考え通りでよい」と返答があったという。

信康の追放は、すなわち信康の廃嫡を意味した。その信康は、信長の娘婿であった。信康が信長の娘・五徳と結婚したのは、家康の嫡男だったからであった。その信康を廃嫡することは、信康と五徳を離婚させることになる。結婚は、同盟関係にともなって形成されたものなので、離婚は、その破棄を意味してしまう。そのため家康は、あらかじめ信長に、信康を廃嫡し追放することを連絡し、それについての了解、およびそれにともなう信康と五徳の離婚と、にもかかわらず信長との関係を維持することについて、了解をえる必要があった。

しかも家康の立場は、信長の従属大名であった。従属大名の家督の交替や、嫡男の承認は、主家からの認定を必要とした。そのことをもとにすれば、この時の家康は、嫡男の廃嫡、新たな嫡男の取り立てについて、信長から承認をえる必要があったと考えられる。この意味からも、家康はあらかじめ信長に連絡し、了解をえる必要があったのである。なおこの点については、これまでの研究では、十分に意識されていないように思う。家康を、独立した戦国大名とみる観点が強いためと思われる。しかし実態は、信長の従属大名とみなされるので、家督に関わる問題についてはその承認が必要であったはずなのである。

ちなみにその記述での信長の返答は、先に五徳の条書にともなう尋問に際して、『三河物語』「松平記」にみえていた信長の発言と同じになっている。内容は「当代記」のほうが整合している。そうすると両史料の内容は、条書への尋問と、この時の了解とを混合した記述のように思われる。

同様のことは、『信長公記』の古態本とみられている『安土日記』にもみえている（前掲谷口著書・平山著書引用）。


去る程に三州岡崎三郎（信康）逆心の雑説申し候、家康幷びに年寄衆、上様（信長）へ対し勿体無き御心持ち然るべからざるの旨、異見候て、八月四日に三郎殿を国端へ追い出し申し候、

ここには、信康の「逆心」、すなわち謀叛の「雑説」（噂、嫌疑）が生じたことをうけて、家康と家老は、信長に不届きと思われてはよくない、という見解を示して、信康を追放したことが記されている。ここから信康処罰の理由が、「逆心」であったことを認識できる。そしてそれを放置しておくことは、信長への不届きになるので、信康を処罰したことがわかる。

さらに当時の史料でこの件に関係しているものとして、追放から四日後の八月八日に、家康が信長の側近家臣の堀秀政《ひでまさ》に宛てた書状がある（愛11一三三六）。これは信康追放を記

す当時の文書史料として、唯一になっている。その本文は、

今度左衛門尉（酒井忠次）を以て申し上げ候処、種々御懇ろの儀、其の段御取り成し故に候、忝くこころえ存じ候、よって三郎（信康）不覚悟に付いて、去る四日に岡崎を追い出し申し候、

というものである。使者として酒井忠次を派遣し、堀秀政の取次によって信長に言上でき、信長から懇ろの対応（言上内容への了解）をうけたことについて、礼を述べるとともに、信康は「不覚悟」（考えがなっていない）のため、追放したことを伝えている。ここにも酒井を使者として派遣したことがみえるとともに、時期からしてそれは七月のことであったことを認識できる。また追放の理由を、信康の「不覚悟」と記していて、その内実は「逆心」とみてよいとみなされよう。

これらのことから家康は、五徳から信康との離婚について了解をえると、信長に、信康の「逆心」を理由に、信康を追放することを申し入れ、その了解をえたうえで、信康の追放を実行したことがわかる。家康は八月三日に浜松城から岡崎城に移っている（愛11一三三五）。そして四日に信康を大浜に追放し、五日に、松平家忠らの軍勢を率いて吉良西尾

城（西尾市）に赴いている。これは西三河地域への示威行動とみなされる。信康に味方するものが出ないよう警戒したものであろう。家康は六日に岡崎城に帰陣すると、岡崎城の在城体制を編成した。本城の在番を長沢松平康忠《やすただ》・榊原康政《さかきばらやすまさ》、北端城の在番を竹谷松平清宗《きよむね》・鵜殿康孝《やすたか》が務めた。これはすなわち、家康による岡崎城の接収であり、軍事制圧であった。

そのうえで九日に、小姓五人だけを付き添わせて、信康を遠江堀江城（浜松市）に移した。信康に味方する家臣がいないことを確認し、本拠浜松城の近辺に移すことで、監視下に置こうとしたのであろう。そして一〇日、家康は三河衆から、信康に内通しないことを誓約する起請文を提出させた。これにより家康は、三河衆の把握を確固たるものとした。それをうけて家康は一三日に浜松城に帰還し、岡崎城には重臣の本多重次を派遣して城代に据えた（愛11一三三七）。こうして信康の追放劇は終息した。

この信康追放劇は、信康の「逆心」を理由にしたものであり、そのためこれは信康「逆心」事件ととらえることができよう。結果として、事態は信康追放だけですみ、信康に応じて蜂起する存在もいなかった。しかし追放直後、家康は西三河に軍事行動し、岡崎城の在城体制を固め、三河衆から信康に内通しない旨の起請文をとっていることからすると、信康に応じて蜂起する存在を警戒していたこと、そのことを深刻に考えていたであろうことは間違いないとみられる。

とはいえ、実際に信康に応じる存在は見いだされていない。事件後に処罰されたのは、築山殿と信康だけであり、家老の平岩親吉も、信康家臣団も処罰されていない。それは四年前の大岡弥四郎事件の時とは、大いに様相が異なっている。そうすると信康は、本当に「逆心」をくわだて、三河衆を味方につけようとしていたのか、疑問に思えてきてしまう。しかし信康は、それから一ヵ月後には、家康から切腹させられることになる。そこには相応の理由があったことは間違いない。

信康事件の真相

信康の「逆心」の具体的理由としてあげられていたのは、「当代記」にあるように、家康の命令に従わない、信長についても軽んじている、家臣に非道な振る舞いをおこなっている、というものであった。しかしこれは「逆心」という内容のものとはいえない。家康自身は、「不覚悟」をあげていた。その含意は明確にならないが、「当代記」の示す理由であれば、そのように表現してもおかしくない。しかしそれで切腹という処罰をおこなうとは考えられない。廃嫡すればよいように思う。そうでなく切腹させているのであるから、それは実際に、「逆心」すなわち謀叛をくわだてた嫌疑があったとしか考えられないことになる。

その他の史料ではどのように記しているであろうか。『石川正西聞見集』（前掲刊本・三頁）は、信康について、先に触れたように、おこないが悪く家臣を困らせていた、ということしか記していない。これは「当代記」にあがっている三番目の理由にあたるといえ、また五徳の条書にもみえていたとされていることになる。

『三河物語』は、信康について、武芸に熱心な器量者で、年若かったにもかかわらず、その発言は後世でも賞賛されていて、家康も我が子ながらもその器量を認め、自身の武芸をすべて授けていたので、信康を切腹させることについて、家康も家臣も惜しんだ、と記している。ここでは信康の切腹は、五徳による中傷、それをうけての信長の命令、それに弁明しなかった酒井忠次のせいにしている。しかしそれらの内容は、すでにこれまでの研究で指摘されているように、事実とは異なり、あくまでも信康「逆心」を隠蔽する方便とみなされる。これらのことから、当時の史料はもちろん、江戸時代前期成立の信頼性の高い史料をみても、容易に「逆心」の真相をうかがうことはできない。

ところでこの事件では、築山殿も殺害されるのである。そこでその殺害についての経緯や理由についてみてみることにしたい。とはいえそれについては、当時の史料には全く記されていない。江戸時代前期成立の信頼性の高い史料でも、それについて触れているのは、

『石川正西聞見集』と「岡崎東泉記」だけといえる。まずは『石川正西聞見集』（前掲刊本・三頁）の記載をみてみよう。

つき山殿悪戯な事たくみ、信玄（武田勝頼）と御内通有りて家康公滅ぼし候え、其の後は勝頼の御簾中になし申し、若殿（信康）をば甲州の主になし御申し有るべしと信玄御申し、その取次は御中間頭弥太郎（大岡弥四郎）とやらん申す者なり、右の様子漏れ聞こえ、信長公へ御内談の上、若殿様をば岡崎を出し御申し、遠江二俣という所に籠舎成され、御供には御座なおし（寵童）鈴木お初、是は加藤忠兵衛（松井忠次家老）いとこ也、若殿様御切腹、お初御供仕られ候、つき山殿は三方原と申す所にて服部半蔵（正成）御輿の内にて害死奉り候由、御中間弥太郎は磔に御懸けさせ、家内闕所して御覧じ候えば、武田の旗有りつる由、

これは、天正三年（一五七五）の大岡弥四郎事件と、この時の信康「逆心」事件が、混合して記されたものになっている。すなわち、築山殿が、良くないことをくわだてて、武田家に内通すると、「家康を滅ぼしたら、そのあとは勝頼の妻にし、信康を甲斐国主にする」という武田家からの申し出があり、その取次を大岡弥四郎が担ったが、このことが信

長の知るところとなり、家康は信長に相談して、信康を岡崎から追放し、遠江二俣城に幽閉し、切腹させ、築山殿を三方原で殺害し、大岡弥四郎を磔刑に処し、その屋敷を検分したところ武田家の旗があった、というものである。このうち信康の切腹、築山殿の殺害の前後に記されているのは、天正三年の大岡弥四郎事件の内容である。それが混合されているのである。

次に「岡崎東泉記」の内容をみてみたい。先の「信康と五徳の夫婦問題」のところで掲げた、五徳が信康の不行状について一〇ヵ条の条書にまとめ、信長に差し出し、その内容に驚いた信長が、家康の家老に連絡した、という部分に続いて、

御袋月山様御一味の義顕れ、信康公遠州二俣清立寺（清滝寺《せいりゆうじ》）で、天山（天方《あまかた》）山城守（通綱《みちつな》）介錯で切腹になさる、

とあり、五徳の条書により、築山殿の武田家内通が露見し、それにともなって信康の切腹にいたったことが記されている。そうするとここから、五徳の条書には、築山殿が武田家に内通していた過去が、記されていたとみて間違いない。

こうした筋書きで書かれているものとしてほかに、「松平記」がある。先の「信康と五

徳の夫婦問題」のところで取り上げた、信康と五徳が不和になったことに続いて（前掲刊本・一五二頁）、

其の時分三郎殿、もの荒き御振る舞い一方ならず、さて又御母築山殿も後には「めつけい」と申す唐人の医者を近付けて、不行儀の由沙汰あり、剰え家康へ恨み有りて、甲州敵（武田家）の方より密かに使を越し御内通あり、縁に付くべきとて築山殿を後には迎え取り申すべきの由風聞す、誠に不行儀大方ならず、剰え御子三郎をもそそのかし逆心をすすめ給わんと、家康よりも色々異見ありしを用い給わず、後には御中悪く成り給う、

と記している。これに続いて、五徳の条書が書かれたことがみえているので、これはそれ以前の話になる。このなかにみえる唐人医「めつけい」は、「岡崎東泉記」にみえていた「西慶」にあたるとみなしてよいであろう。また武田家に内通したこと、そこでの「縁に付く」「迎え取る」というのは、築山殿が勝頼の妻になるという件にあたり、それらはいずれも大岡弥四郎事件におけることになる。そしてそこでは、築山殿は信康を引き込んで、「逆心」を意識させ、そうした信康に対して家康はいろいろと意見したが、信康はそれを

聞かず、そのため家康と信康の仲は悪くなった、としている。

　これらの史料をみてみると、天正三年の大岡弥四郎事件の際に築山殿が武田家に内通していたことが、五徳の条書に記され、それが信長に差し出されたことで、そのことを信長が知ってしまった、という経緯を推測できる。五徳が条書を信長に差し出した時期について、先に天正六年初めの頃ではないかと推測した。「松平記」では、大岡弥四郎事件の際に、信康も築山殿に引き込まれて、家康への「逆心」を考えるようになり、その後は家康からの意見を聞かず、仲が悪くなったとしていた。これは「当代記」にみえていた、家康の命令に従わない、ということにあたっている。そうとすればそうした状況は、大岡弥四郎事件ののちからみられるようになっていたことになる。

　先にみたように、家康と信康の関係が、決定的に変化したとみなされたのは、天正六年九月に、家康が信康と三河衆の関係を切断しようとしたことであった。したがって両者の関係の悪化は、それより以前に生じていたことになる。そうすると大岡弥四郎事件を契機としたとする「松平記」の記載も、あながち間違っていないように思われる。先に同事件について述べたように、その事件は、信康自身は関知していなかったと思われるものの、家老・町奉行・家老家臣が処罰されるという、大がかりなものであった。築山殿の関与も、確かなことと思われた。築山殿については、問題は不問に付されたろうが、その後において、家康との仲は決定的に悪化したことは間違いないであろう。

その時の信康はまだ一七歳にすぎなかった。家康と築山殿との関係の悪化をうけて、信康と家康の関係も悪化するようになっていったのであろう。しかしその理由は、築山殿の処遇だけではなかったであろう。その時期は、ちょうど武田家と一進一退の攻防が展開されていた時期にあたっている。このことから柴裕之氏は、武田家との戦争継続を方針とする家康およびその家老たちと、武田家との戦争の継続の見直しを図ろうとする信康および三河衆とのあいだに、路線対立が生じていたことを想定している（『徳川家康』「松平信康事件は、なぜ起きたのか？」）。

信康とその周辺は、実際に大岡弥四郎事件の際に、武田家との接触をもっていた。その方針が持続していたことは十分に考えられる。しかも一進一退の攻防では、家臣たちにとっては、戦費ばかりがかかり、負担の継続でしかなかったし、なかでも三河衆は、戦陣からもっとも遠くにいたから、その分だけ戦費は嵩んだことであろう。そうした状況が、家康の方針を問題視するような雰囲気を生み出していたとしても不思議でない。

そうした状況にあったなか、五徳の条書によって、かつての築山殿の武田家内通問題が、信長の知るところとなった。それには三河衆のなかの多くが参画していたから、そのことも信長の知るところとなったかもしれない。すでに家康と信康の関係は悪化していて、また信康と五徳の関係も悪化していた。しかも信長と家康の関係は、大岡弥四郎事件の時とは異なって、信長を上位者とし、家康はその従属大名という立場に変わっていた。そのため築山殿の武田家内通問題、それへの三河衆の加担の事実が知られてしまった以上、それへの対処をおこなわなくてはならない、と考えたのではなかろうか。それが『安土日記』にみえていた「上様（信長）へ対し勿体無き御心持ち然るべからざるの旨」となった背景ではなかったとか思われる。いわば家康による、信長への忖度である。

そして家康は、これを機に、築山殿と信康を成敗することで、徳川家臣団における不満を消滅させ、武田家との戦争継続という方針で、家臣団を一つにまとめようとしたのではなかろうか。家康は天正六年になってから、そのタイミングをずっと計っていたのであろう。信康を牽制した三河衆の在郷命令は、天正六年九月のことであったが、その時期は、武田方の遠江・駿河勢との対陣に成果をあげることができず、しかも御館の乱にともなって越後に出陣していた勝頼率いる武田本軍が、越後上杉景勝《かげかつ》との同盟を成立させ、甲斐に帰国してきていた時であった。家康にとって、武田家の脅威は相当なものに感じられたことであろう。それからの武田家との抗争を考えて、信康・三河衆という不安要素を一刻も早く解決すべく、信康と三河衆の切り離しを実行したのであろう。

そして同七年八月、北条家との同盟成立の見通しが立ち、武田家を挟撃できる体制が整ったところで、信康と築山殿の処罰を実行したと考えられる。先にも述べたが、この時の処罰は、築山殿と信康だけであった。他の三河衆や信康家臣団から処罰者は出ていない。このことは、家康は慎重を期して信康への与同者の出現を警戒はしたものの、「逆心」はこの時にあったのではなかったことを示していると思われる。この事件は、四年前の大岡弥四郎事件に端を発していた築山殿・信康との関係悪化、それにともなう家中での不協和音のようなものを、築山殿と信康を処罰することで、一掃するものであったと考えられるであろう。

築山殿の死去

信康が岡崎城から追放され、大浜、次いで堀江城に幽閉されたのち、築山殿も処罰された。それについて詳しい事情は明らかになっていない。当時の史料でそれについて記しているものはなく、後世成立の史料のなかで主要なものをあげると次の通りである。

①「当代記」（前掲刊本・三四頁）
三郎主母公も浜松において生害さる、

②『石川正西聞見集』（前掲刊本・三頁）

つき山殿は三方原と申す所にて服部半蔵（正成《まさなり》）御輿の内にて害死奉り候由、

③「岡崎東泉記」

つき山様は野中三五郎（重政《しげまさ》）〈今は水戸にあり〉・酒井図書《ずしよ》〈是も水戸にあり〉に仰せ付けられ自殺也、

④「松平記」（前掲刊本・一五二頁）

御母築山殿をも日比の御悪逆有りしとて、同生害に及ぶ、然るに御介錯申したる岡本平左衛門（時仲《ときなか》）・石川太郎左衛門（義房《よしふさ》）、みな御罰あたり、或いは乞たいに成り、或いは子孫皆切られなどして一人も素直なるは無し、後に築山殿の怨霊とて恐ろしき事限り無し、

⑤「徳川幕府家譜」（『徳川諸家系譜第一』三二頁）

天正七己卯年八月廿九日、故有りて御生害、遠州浜松清滝寺に葬る、検使石川太郎左衛門、介錯岡本平右衛門、御法名西光院殿政岩秀貞大姉《さいこういんでんせいがんしゆうていだいし》、或いは曰く秀岭院殿、又曰く清池院殿《せいちいんでん》、西来院殿《さいらいいん》とも、

⑥「柳営婦女伝系」清池院殿之伝系（同前・一四三頁）

御母堂築山殿も天正十（七）年己卯八月廿九日、遠州浜松城において御生害、同所西来禅院に葬る、検使石川太郎左衛門、介錯人岡本平左衛門〈初名大八郎〉也、法名清

地院殿渓（潭）月秋天大姉《げっしゅうてんだいし》、

これらによって、築山殿が生害（自害）したことは確かとみなされる。日にちについて記すのは、江戸時代後期成立の⑤と⑥にならないとみられてこない。根拠は判明しないが、おそらくは関係する寺院の寺伝などによるのであろう。その当否を検証することはできないが、他に所伝があるわけではないので、ここではそれを信用しておく。これによれば築山殿は、信康が堀江城に移されてから二〇日後に、生害したことになる。

生害の場所については、史料により違いがある。①は浜松としていて、⑥はそれをうけたもので、「浜松」を「浜松城」と理解してそう記したのであろう。②は三方原としている。その他には、場所について記載はない。そうすると浜松か、三方原のどちらかということになるが、三方原は浜松城の郊外になるので、大きくみれば浜松となる。そうするとより具体性が高い、三方原の可能性が高いとみられよう。

生害の様子について記すのは、②だけで、輿のなかで生害し、家康家臣の服部正成が介錯したとある。③は家康家臣の野中重政と酒井図書が介錯したとし、④は家康家臣の岡本時仲と石川義房が検使・介錯を務めたとし、⑤⑥はそれを継承したものとみなせる。介錯人については史料による違いが大きく、事実の確定は難しい。それぞれの所伝に何らかの根拠があるのであれば、服部正成・野中重政・酒井図書・岡本時仲・石川義房らが、築山殿護送に携わっていたとみることができるかもしれない。そのなかでも成立時期の早い史料の内容を優先して採用すると、服部正成が護送役の責任者、野中三五郎・酒井図書が実際の介錯人であった可能性が高いように思われる。

葬地と法名について記すのは⑤と⑥であるが、それについても、それぞれ両説がある。まず葬地については、清滝寺と西来院の両説がみられている。もっともそれら以前の成立と推定される「三河後風土記」巻一六には、死去した場所については記さないものの、「御屍をば大樹寺に葬り、御戒名をば西光院殿政岩秀貞大姉とぞ号し奉る」と記していて、葬地を、徳川家菩提寺の大樹寺としている。築山殿の墓所は、その後、西来院に移されるが、それは延宝六年（一六七八）に、西来院で築山殿の一〇〇回忌供養がおこなわれ、その際に同寺に改葬されたものらしく、その時に清池院殿に改号されたという（関口正八ほか『築山御前考　徳川家康正室』）。そうすると⑤⑥の所伝は、ともに正確なものでないということになる。「三河後風土記」の内容は、必ずしもそのままに利用することはできないと考えられるが、築山殿の葬地と法号の記述については、⑤⑥よりは史料性は高いとみてよいだろう。

このように築山殿の最期を伝える史料の内容は、はなはだ乏しく、具体的な状況をほとんど知ることができない。江戸時代後期成立の史料になると、少し具体的な記述がみられるようになってくる。遠江富塚《とみつか》（浜松市）で岡本時仲に殺害された（「家忠日記増補」）、小《こ》藪《やぶ》村（浜松市）で野中重政に殺害された（『徳川実記』）、岡本・野中が殺害し、石川が検使を務め、野中は命によりやむなく殺害したが、浜松に帰って家康に報告すると、「女の事

築山殿墓所外観（上）と墓碑

なので工夫もあったのに考え無しに殺したか」と言われたため、故郷の遠江堀口村《ほりぐち》（浜松市）に蟄居した（「幕府祚胤伝」）、といったものである（中村孝也『家康の族葉』）。

このうち『徳川実紀』「幕府祚胤伝」などが記す内容は、江戸時代前期には存在しているので、それらのなかでは早い時期に成立しているものになる。その典拠は、延宝元年（一六七三）に作成された「野中三五郎（重政）覚書」とみなされる（彰考館文庫「諸家所蔵文書一」）。これまで築山殿について触れた研究では利用されたことはなかったと思われるので、紹介しておくことにしよう。関係部分は次の通りである。

一、三五郎儀、恙なく御奉公仕り候処、三郎様（信康）遠州二俣の城に御座成され候砌、権現様（家康）より築山殿を害し奉るべき由仰せ付けられ、其の外以上六、七人差し添えられ、天正七年八月晦日暮時分、浜松の西小藪と申す処にて、害し奉り、罷り帰り、其の趣きを申し上げ候えば、女の儀に候間、比丘尼に仕り落とし申さず候由　上意成され、六十日程御言葉懸けさせられず候に付き、遠慮仕り、遠州堀江へ引き籠もり、浪人にて、其れ以後浜名に罷り有り候、築山殿御寺は浜松の西来院にて御座候事、話としては興味深いが、殺害を命じたにもかかわらずそれをなじるあたり、とても事実とは思えない。野中重政の逐電の理由付けのように思えてならない。そもそもそれらの内容は、先に示した内容とも、また相互でも矛盾しているなど、整合性をとれない。それぞれには、野中の場合のように何らかの根拠はあるのであろうが、時代が下るにつれて尾ヒレがついていったもののように思われ、ここでは参考にとどめておく。

そのため確かにいえることは少ない。信康が岡崎城から追放された八月四日に、おそらくは同時に築山殿も、築山屋敷で幽閉させられたことであろう。それから二九日の数日前に、浜松へ護送されたのだろう。そして二九日に、浜松城の手前にあたる三方原で、輿のなかで生害した、というくらいといえよう。築山殿は三八歳か四〇歳くらいであった。

ところで家康は、当初から築山殿の殺害まで考えていたのであろうか。信長への忖度により、信康ともども殺害する必要を認識していたとすれば、すぐに殺害してもよいように思う。しかしそうでなく、生害は信康追放から二〇日も経ってからのことであった。しかもそれは、信康の生害と同時でもなかった。こうしたことが、この信康事件の理解を難しいものにしている理由の一つでもある。殺害の必要があれば、すぐに殺害すればよいと考えられるが、実際には、築山殿については二〇日、信康については一ヵ月以上の期間が経ってから生害している。このことから後世になって、家康は殺害を望んでおらず、やむなく生害させた、という理解が出てくるのも納得できる。そもそも戦国大名家において、正妻を殺害するような事例は、ほとんどみることができない。むしろこれまで、その典型例とされてきたのが、この築山殿の場合であった。

この処罰から生害までの期間の空きは、悩ましい問題である。しかしそうした場合の多くは、当初は殺害の予定になかったが事態が急変して殺害にいたったか、本人が生害したか、のいずれかになる。これを築山殿について考えると、前者は想定しがたいように思う。どこかに幽閉を続ければよく、あえて殺害する必要はないと思われる。そうすると築山殿は、浜松に入る手前に達したところで、自ら生害した可能性が高いように思う。

すでに家康とは、足かけ二〇年におよんで別居生活を送っており、大岡弥四郎事件で夫婦の信頼関係も失われ、不和になっていた。期待であった信康も廃嫡されたことで将来の希望も失い、しかもこれから浜松の寺院などで幽閉生活を送ることが予想されたであろう。そもそも築山殿は、今川家御一家衆の出身で、今川家の従属国衆であった家康と結婚し、その時は築山殿のほうが格上の立場にあった。それが家康が今川家と敵対したことで、家康優位の関係になり、しかも築山殿は実家との関係を絶たれ、いわば後ろ盾を失った存在になっていた。そのような状況をもとにすると、築山殿がこれからの孤独な幽閉生活に甘んじることはないように思う。築山殿は、そのような境遇におかれることを屈辱と認識し、自ら生害したのではないか。これが本書を通じて、築山殿の生涯を追ってきた末にたどり着いた、私の見解である。

信康の死去と家族のその後

信康は堀江城に移されたのち、さらに二俣城に移された。しかしその時期については不明で、『三河物語』「当代記」「松平記」も、その事実だけを記している。そして九月一五日、信康は生害した。江戸時代前期成立の史料でその状況について記しているのは『三河物語』と「岡崎東泉記」だけであり、

『三河物語』（前掲刊本・一八〇頁）

それより二俣の城へ御越し成されて、天方山城守（通綱）と服部半蔵（正成）を仰せ付けられて、天正六〈戊寅〉（七）年、御年廿（二十一）にて、十五日に御腹を成されけり、

「岡崎東泉記」

信康公遠州二俣清立寺で、天山（方）山城守介錯で切腹成さる、大久保七郎右衛門（忠世）二亦（俣）の城主・平岩七之助（親吉）、此両人検使、成瀬《なるせ》吉蔵（正一《まさかず》）・服部

中務（正成か）等ナリ、

とある。二俣清滝寺で、家康家臣の天方通綱の介錯で生害し、二俣城主の大久保忠世と信康家老の平岩親吉が検使を務め、家康家臣の成瀬正一と服部正成が同席した、とある。その後に成立した史料になると、細部に違いがみられるようになるが、基本的な内容は両史料をもとに理解するのでよいと考える。清滝寺に葬られ、法名を清滝寺殿達岩善通《たつがんぜんつう》大禅《だいぜん》定門《じょうもん》とおくられた（愛11一三三八）。享年は二一であった。

信康が岡崎城から追放されたのは、八月四日のことであったから、この生害は、それから一ヵ月以上のちにおこなわれたものになる。この場合も、築山殿の場合と同じく、その幽閉期間が中途半端になっていることから、当初は殺害の予定になかったが事態が急変して殺害にいたったか、本人が生害したか、のいずれかであったと考えられる。

しかしそもそもなぜ、二俣城に移されたのかも疑問である。堀江城ならば、浜松城に近く、監視下に置いたとみることができるが、二俣城では、浜松城からは日常的に監視できない。しかも同城より北方の犬居領の北部には、いまだ武田方の勢力が存在していた。そうした場所に、わざわざ浜松城の近辺から移す理由がすぐには見当たらない。考えられることとしては、家老の大久保忠世に預けることを優先したことくらいになる。そこにどのような理由があったのかは判断がつかないが、そのようにみておきたい。

そのうえでなぜ九月一五日に生害したのか、である。この時期、家康は来る一七日に北条家との連携の軍事行動を予定し、軍勢はその日に懸河城に集結している（『家忠日記』前掲刊本・五三頁）。懸河城は、二俣城の東方に位置した拠点である。そこに徳川全軍が集結を予定していた。このことを関連付けて考えると、徳川軍の集結が二俣城に近く、そのため信康を奉じて叛乱する家臣の出現を未然に防ぐため、生害を命じた、という推測が成り立つ。信康は廃嫡されたとはいえ、それまで長い期間、家康の嫡男として存在していたため、反家康の行動の際には、恰好の旗頭になりえたし、それはまた敵方にとっても同様であった。そのため家康は、その危険性を認識し、殺害を命じたことになる。もう一つは、信康が自ら生害したことも十分に推測できる。その場合は、徳川軍の軍事行動とは無関係になる。信康は生存を認められたとしても、生涯にわたって幽閉生活を強いられることになったであろう。それを信康は受け容れることができず、生害した、ということも十分に推測できる。

いずれの可能性も考えられるように思うが、生害が二俣城内でなく、城外の清滝寺でおこなわれたとすれば、それはわざわざ同所に移っておこなわれたことになる。しかもその際に、城主大久保忠世だけでなく、家老の平岩親吉、家康直臣の天方通綱・成瀬正一・服部正成が派遣されてきていることからすると、これは家康が生害を命じた、と考えるしかない。ただ家康は、それまで殺害を命じていなかったとすれば、信康を生涯幽閉したままで生かしておくことを考えていたかもしれない。その場合は、幽閉場所が二俣城であったことがあだになったともいえよう。もし堀江城での幽閉のままであったら、生害を命じたのかどうか。それはもはやわからない。

信康が死去してもしばらくは、妻の五徳は離縁しないで、岡崎城にとどまった。しかし同八年二月二〇日に、岡崎城を出立して、尾張国境地域の桶狭間で織田家に引き渡された（『家忠日記』前掲刊本・六五頁）。二人の娘が同行したのかどうかは確認できないが、娘の場合、母親が離縁になって実家に戻った際、たいていは母に同行しているので、この場合もそうであった可能性が高いと思う。これにより織田家と徳川家の婚姻関係は消滅した。五徳はその後、再婚することはなく、「岡崎殿」と称されて、父信長に庇護され、その死後は実兄の信雄の庇護をうけ、さらに羽柴秀吉への人質に出されたことが知られている。その後は京都で生活し、寛永一三年（一六三六）正月一〇日に、七八歳で死去した。最後は京都油小路とも、烏丸中御門南に居住していたとも伝えられている。法名を見星院殿香《げんせいいんでんこう》岩《がん》（月岩とも）寿桂大姉《じゅけいだいし》といった（前掲柴編『織田氏一門』所収論文）。

五徳はなぜ再婚しなかったのかはわからない。同じ信長の娘をみると、再婚している者も多いので、再婚しなかったのは五徳の意志によるのであろう。原因は、信康との結婚生活にあったことは十分に推測できよう。信康と不和になり、その不行状を信長に訴えたことが契機になって、結果として信康を死にいたらしめてしまった。そうした結婚生活の有り様やその結果が、五徳に何らかの影響を与えたのかもしれない。五徳の余生は、五〇年以上におよぶ非常に長いものであった。しかしその動向はほとんど知ることができていない。けれども信長の長女であったから、その後の織田家の存続のうえで、少なからぬ役割を担っていたことは十分に想定できる。その後の五徳の生涯を追究することは、興味深い課題と思われる。

　信康と五徳のあいだには、二人の娘があった。先に触れたように、長女福姫は小笠原秀政と結婚し、次女久仁は本多忠政と結婚した。長女は小笠原秀政とのあいだに、忠脩《ただのぶ》・忠真《ただざね》・忠知《ただとも》・重直《しげなお》・貞政《さだまさ》・長氏《ながうじ》・蜂須賀至鎮《はちすかよししげ》妻（家康養女）・細川忠利《ただとし》妻（秀忠養女）の六男二女を産んだといい、慶長一二年（一六〇七）一〇月一八日に三二歳で死去した。法名は峰高寺殿高月峰誉智廓大禅定尼《ほうこうじでんこうげつほうよちろうだいぜんじょうに》といった。次女は本多忠政とのあいだに、忠刻《ただとき》・政朝《まさとも》・忠義《ただよし》・堀忠俊《ただとし》妻（家康養女、のち有馬直純《ありまなおずみ》妻）・小笠原忠脩妻（家康養女、のち同忠真妻）の三男二女を産んだといい、寛永三年六月二五日に五〇歳で死去した。法名を妙光院殿快《みょうこういんでんかい》窓祐慶《そうゆうけい》大姉といった。二人の娘はともに、母の五徳よりも早くに死去している。しかしともに多くの子どもを産み、その娘はいずれも家康ないし秀忠の養女となって、徳川政権の存立に寄与するものとなっている。信康にとって、二人の娘が安定した生活を送れたことは、何よりのことであったろう。

築山殿の歴史的評価

ここまで築山殿の生涯をたどってきた。とはいえ築山殿について記す当時の史料は一点だけにすぎず、そのためその動向についてては、ほとんどを後世成立の史料に頼らざるをえなかった。それでも江戸時代前期という比較的早い時期に成立し、信頼性は高いと評価できる史料の記述をもとに、築山殿の動向とその境遇の様相について把握することをこころがけてきた。これにより築山殿の生涯の概要について、もっとも蓋然性の高いものを描き出すことができたのではないか、と自負している。さらに築山殿の動向とその境遇については、戦国大名家の正妻、そして嫡男の生母という観点から、評価することをこころがけた。これによりこれまでの研究では認識されていなかった問題を取り上げることができ、またこれまでの評価を改めることが多くできたと考える。

本書を閉じるにあたって、最後に、築山殿について、戦国大名家の正妻という観点から、その生涯の特徴についてまとめ、評価しておきたい。

築山殿は、今川家御一家衆の娘の出身であった。戦国大名今川家では、当主の実子は少なかったため、御一家衆の子が、国衆との婚姻関係にあたっていた。築山殿もその役割を担い、弘治二年（一五五六）頃に、一五歳か一七歳くらいの時に、従属国衆の徳川家康（当時は松平元信、次いで元康）と結婚した。これにより家康は、今川家において親類衆として存在したから、今川家における家康の立場は、妻の築山殿の存在に規定されていたのであった。したがって今川時代において、築山殿と家康の関係は、築山殿が圧倒的に優位にあった。

これが反転するのが永禄四年（一五六一）で、家康が今川家から離叛したことによる。築山殿は実家とは断絶状態になり、その状況はその後も変わることはなかった。そのため築山殿は、この時点で実家を失った存在になった。しかも前年に家康の本拠・三河岡崎に移住したものの、そこでは岡崎城とは別に、城下の築山屋敷に居住し、家康とは別居の状態に置かれた。この時代の大名家夫婦に、恋愛関係をみる必要はないが、信頼関係の有無は重要と考えられる。築山殿の場合は、早くからの別居状態になったことで、家康とのあいだで信頼関係は希薄になっていたことが想像される。

それでも築山殿は、家康の正妻として、徳川家の「奥向き」について管轄していたはずである。さらに、家康が元亀元年（一五七〇）から遠江浜松城を本拠としたことで、別居状態は決定的なものになった。しかし岡崎にありながら、築山殿は浜松城の「奥向き」についても統制下に置いていたことが想定された。家康に奉公する女房衆についても、築山殿が任免していたと考えられた。のちに家康の子を産む、長勝院殿・西郡の局・西郷の局なども、築山殿の承認のうえで奥奉公に入ったとみなされる。そしてそうした女房衆が、家康の子を妊娠した場合、その出産を認めるかどうか、それにともなって生まれた子を家康の子として認めるかどうかは、築山殿の裁量によったと考えられた。

長勝院殿の妊娠、次男秀康の誕生は、築山殿の承認しないことであった。そのため長勝院殿は出産前に浜松城から退去させられ、生まれた秀康も築山殿の生前は家康の子として認知されなかった。逆に、西郡の局の妊娠と次女督姫の誕生は、築山殿の承認のもとでのことであったため、西郡の局は岡崎の築山殿のもとで出産し、それゆえ督姫も家康の子として認知されたのであった。しかし西郷の局の出産については、家康との関係が悪化していたため、家康は独自の判断で出産を認めたと考えられた。そうするとその時期には、浜松城の「奥向き」も、築山殿の統制から外されていたことであろう。築山殿に代わって、誰がその統轄にあたっていたのか、その解明は興味深い課題と思われる。

家康が浜松城を本拠にして以降、岡崎城は嫡男信康が城主を務めた。そのため築山殿は、城主信康の母としての性格を強めるようになった。それがもとで生じたのが、天正三年

（一五七五）の大岡弥四郎事件であった。当時、徳川家は武田家との抗争に劣勢を強いられていた。そのため築山殿は、武田家からの調略に乗って、武田家に内通し、信康を武田家に帰属させることを図った。その際には、築山殿は武田勝頼の妻になり、信康を勝頼の子ども扱いにするという密約もなされたという。築山殿としては、自身と信康の存立を最優先しての判断であった。その謀議は、信康の家老、町奉行、家老の家臣も参画した大がかりなものであったが、家康に発覚して未遂に終わった。

実家を失っていた築山殿にとって、自身の存立は、嫡男信康にかかっていたであろう。築山殿が敵方に内通したのは、その信康の存立のためであった。事態は失敗に終わったものの、ここに築山殿の置かれていた境遇と、その性格を認識することができる。この事件を契機に、家康との関係は決定的に悪化し、またそれにともなって、信康も家康との関係を悪化させていったとみなされた。そのうえさらに、信康は妻五徳との関係も悪化させ、五徳は実父の織田信長に、信康の不行状と築山殿がかつて武田家に内通したことを訴えてしまう。そのため家康は、築山殿と信康を処罰することを決断するのであった。

処罰は天正七年八月に実行された。信康は廃嫡され、所々で幽閉された。築山殿も浜松に護送され、そこで幽閉されることになっていたのであろうが、八月二九日、浜松に到着したところで、自ら生害したとみなされる。すでに実家、嫡男、さらに正妻としての立場といった、存立基盤をことごとく失ったうえで、幽閉生活を送らざるをえないことに、耐えられなかったのであろう。生害は、この時代、名誉の死であるとともに、抗議の死の場合もあった。築山殿は、自らの尊厳のために生害という手段を選択したのではなかったか。そうして三八歳か四〇歳くらいの生涯を自ら閉じたと考えられる。

こうした築山殿の生涯をみてみると、戦国大名家の正妻にとって、実家の存在と嫡男の存在の大きさを認識できる。それとともに正妻としての存在の大きさをみることができる。いかに夫の大名家当主との関係が不仲になったとしても、正妻である以上、その立場を否定されることはなかった。家康も、築山殿を正妻から降ろし、他者を代わりの正妻に立てることはしていない。それは正妻が存在している以上、できないことであったと考えられる。家康が新たな妻を立てるのは、築山殿の死後のことであった（具体的には特定されていないが、天正一〇年に妻が存在していた）。築山殿の場合をみれば、正妻を否定するには、処罰することでしかありえなかったことがわかる。逆にそこから、正妻の立場の強さが認識される。その正妻の立場の大きさ、強さを、より具体的に把握していくことが、これからの重要な課題とみることができるであろう。

あとがき

本書は、築山殿の生涯を、本格的に追究した初めてのものとなろう。これまでに築山殿の生涯をまとめた書籍がなかったわけではない。しかしそれらは、現在のように、徳川家康の研究や、私がすすめている戦国大名家・国衆家の正妻や「家」妻についての研究が進捗していない段階におけるものであり、依拠する史料も、江戸時代成立のものについて、内容の信頼性の高さ低さを区別することなく用いるものになっていた。それに対して本書では、現在の研究水準をもとに、信頼性の高い史料によりながら、築山殿の生涯を描き出すことをこころがけた。このことから本書は、築山殿に関する評伝として、現在の時点での決定版となると自負する。

私は徳川家の研究を中心的におこなっているわけではない。にもかかわらず今回、築山殿の評伝を著すことにしたのには、いくつか理由がある。築山殿への関心を強める切っ掛けは、二〇一七年に刊行した『北条氏康の妻 瑞渓院』において、北条氏規が関口氏純の婿養子であったと認識したこと、妻は築山殿の妹と推定したことであった。ここから築山殿と今川家との血縁関係の有無、婿の徳川家康の今川家における政治的地位などに関心がおよんだ。

それから戦国大名家・国衆家の正妻・「家」妻についての追究をすすめていくなかで、築山殿をめぐるいくつかの事柄について、気にかかるようになった。まず、かつて家康次男の松平秀康について検討したことがあったが、その出生問題。次に北条氏直について検討した際の（『戦国大名・北条氏直』）、家康次女督姫の生年についての再検討による、築山殿死去までにおける家康の子どもの出生状況。そして武田信玄の正妻・三条殿について検討した際に嫡男義信の廃嫡について注目したが（『武田信玄の妻、三条殿』）、それと同じく家康の嫡男信康が廃嫡されている事態。しかも母の築山殿ともに家康に殺害されたという、正妻・嫡男殺害という極めて稀な事態である。

これらの問題は、築山殿を正妻・「家」妻の立場からみることで、これまでと異なる新たな理解が可能になるのでは、という感触を持つようになっていた。というよりむしろ、その視点において、築山殿は欠かすことのできない、重要な素材と認識された。そうしたところに二〇二三年NHK大河ドラマ「どうする家康」で、築山殿を有村架純さんが演じることが発表された。これにより世間で築山殿への関心が高まることが感じられた。そこで築山殿について、本格的な評伝書を著そうと思ったのである。

しかし築山殿についての検討には、それまで私がおこなってきた戦国大名家・国衆家の女性についての検討とは、異なる苦労があった。それまでの検討は、まがりなりにも当時の史料を中心に検討できたのであったが、築山殿についての当時の史料はほぼない状態であったため、江戸時代成立の史料を中心に検討せざるをえなかったからである。そこでは江戸時代成立の史料のうち、成立時期の早いものを優先して内容を把握するという方針をとった。しかし検討していくなかでは、成立時期が早いからといって内容が真実に近いと必ずしもいえない状況もあった。そのためどの情報を優先させるべきか、悩むことしばしばであった。

けれどもそのような検討をすすめることによって、家康関係の史料に関して、「当代記」はかなり信用性が高いと認識することができ、その一方で軍記史料のなかで史料性は高いと思われている「松平記」は、それほど信用性は高くないと認識された。また編纂史料のなかでは、『武徳編年集成』には、確かな史料をもとにしている部分が多いとみることができた。当時の史料がみられない場合、後世成立の史料を利用することになるが、どの内容を採用するか、内容をどこまで信用するかは非常に難しい問題になる。築山殿のように、当時の史料がほとんど存在しない場合には、その方法しか取りえない。

これからの戦国・織豊史研究では、著名にもかかわらず当時の史料が少ない人物・事件についての追究が、これまでよりも求められていくことであろう。その場合には、この手法をどれだけ洗練させていくことができるかが、重要な要素になっていくことであろう。私にとって図らずも、築山殿を検討したことで、その難しさとともに、その必要性をあらためて認識することができた。これからの研究で、その手法の確立に向けて、ますます深めていくことにしたい。

今年と来年、徳川家康に関する良質の書籍が数多く刊行されることが予想される。それは歴史学研究の進展のうえで、非常に喜ばしいと思う。これまでの家康に関する研究成果がまとめられ、それを踏まえた新たな研究が進展することになるからである。家康に関する研究は、実はそれほど進んでいるとはいえない状態にある。いまだ手つかずの問題が数多く存在したままになっている。そうした状態が、これを機に大いに改善され、それにより新たな研究が進展し、あるいはその出発点となることを大いに期待したい。本書もまたそのための一つの役割を担うことができたら、幸いである。また本書によって、戦国・織豊期の武家権力における女性とその役割に、さらに関心があつまることを期待したい。

最後になったが、本書をなすにあたって、写真・資料の提供を平山優氏・柴裕之氏からうけた。編集については、平凡社編集部の進藤倫太郎さんのお世話になった。進藤さんには、今年刊行した平凡社新書『国衆』に引き続いてお世話になった。末筆ながらあらためて御礼を申し上げます。

二〇二二年七月

黒田基樹

主要参考文献

煎本増夫「家康と国衆」(『日本歴史』四八二号、一九八八年)
大石泰史編『今川氏年表 氏親・氏輝・義元・氏真』(高志書院、二〇一七年)
同 『今川氏研究の最前線』(洋泉社歴史新書y71、二〇一七年)
同 『今川義元』(シリーズ・中世関東武士の研究27、戎光祥出版、二〇一九年)
小楠和正『結城秀康の研究』(越前松平家松平宗紀、二〇〇六年)
岐阜市歴史博物館編『奥平信昌と加納城』(岐阜新聞社、二〇〇四年)
黒田基樹『戦国大名――政策・統治・戦争』(平凡社新書713、二〇一四年)
同 『小早川秀秋』(シリーズ 実像に迫る5、戎光祥出版、二〇一七年)
同 『井伊直虎の真実』(角川選書586、二〇一七年)
同 『北条氏康の妻 瑞渓院』(中世から近世へ、平凡社、二〇一七年)
同 『戦国大名・北条氏直』(角川選書645、二〇二〇年)
同 『今川のおんな家長 寿桂尼』(中世から近世へ、平凡社、二〇二一年)
同 『戦国関東覇権史』(角川ソフィア文庫、二〇二一年)
同 『戦国「おんな家長」の群像』(笠間書院、二〇二一年)
同 『国衆――戦国時代のもう一つの主役』(平凡社新書1003、二〇二二年)

同　　『武田信玄の妻、三条殿』（東京堂出版、二〇二二年）
同編　『今川氏親』（シリーズ・中世関東武士の研究26、戎光祥出版、二〇一九年）
同　　『今川義元とその時代』（戦国大名の新研究1、戎光祥出版、二〇一九年）
黒屋直房『中津藩史』（国書刊行会、一九八七年、原本一九四〇年）
小林輝久彦「「駿遠軍中衆矢文写」についての一考察」（『静岡県地域史研究』一一号、二〇二一年）
柴裕之『戦国・織豊期大名徳川氏の領国支配』（戦国史研究叢書12、岩田書院、二〇一四年）
同　　『徳川家康』（中世から近世へ、平凡社、二〇一七年）
同　　「松平信康事件は、なぜ起きたのか?」（渡邊大門編『家康伝説の嘘』柏書房、二〇一五年）
同編　『織田氏一門』（論集 戦国大名と国衆20、岩田書院、二〇一六年）
同　　『徳川家康』（シリーズ・織豊大名の研究10、戎光祥出版、二〇二一年）
関口正八・柳史朗『築山御前考 徳川家康正室』（東海古城研究会、一九七〇年）
谷口克広『信長と家康』（学研新書104、二〇一二年）
中村孝也『家康の族葉』（国書刊行会、一九八八年、原本一九六五年）
原史彦「徳川家康イメージの現在」（大石学・時代考証学会編『戦国時代劇メディアの見方・つくり方』勉誠出版、二〇二一年）
平野明夫『徳川権力の形成と発展』（岩田書院、二〇〇六年）
同　　「徳川家康の正室——築山殿」（小和田哲男編『戦国の女性たち』河出書房新社、二〇〇五年）
同　　「徳姫［徳川信康室］」（『歴史読本』編集部編『信長の子　覇王の血を継ぐ三六人の謎』新人物文庫245、新人物往来社、二〇一二年）

平山優『武田氏滅亡』（角川選書580、二〇一七年）
本多隆成『徳川家康と武田氏』（歴史文化ライブラリー482、吉川弘文館、二〇一九年）
同「松平信康事件について」（『静岡県地域史研究』七号、二〇一七年）
丸島和洋『東日本の動乱と戦国大名の発展』（列島の戦国史5、吉川弘文館、二〇二一年）

【著者】
黒田基樹（くろだ もとき）
1965年生まれ。早稲田大学教育学部社会科地理歴史専修卒業。博士（日本史学）。専門は日本中世史。現在、駿河台大学教授。著書に『下剋上』（講談社現代新書）、『戦国大名の危機管理』（角川ソフィア文庫）、『百姓から見た戦国大名』（ちくま新書）、『戦国北条五代』（星海社新書）、『戦国大名北条氏の領国支配』（岩田書院）、『中近世移行期の大名権力と村落』（校倉書房）、『戦国大名』『戦国北条家の判子行政』『国衆』（以上、平凡社新書）、編著に『北条氏年表』（高志書院）、『鎌倉府発給文書の研究』（戎光祥出版）、監修に『戦国大名』（平凡社別冊太陽）など多数。

平　凡　社　新　書　１　０　１　４

家康の正妻 築山殿
悲劇の生涯をたどる

発行日——2022年10月14日　初版第1刷

著者——黒田基樹

発行者——下中美都

発行所——株式会社平凡社
〒101-0051 東京都千代田区神田神保町3-29
電話 （03）3230-6580［編集］
（03）3230-6573［営業］

印刷・製本—株式会社東京印書館

ＤＴＰ——株式会社平凡社地図出版

装幀——菊地信義

ISBN978-4-582-86014-6
平凡社ホームページ https://www.heibonsha.co.jp/

平凡社新書　好評既刊！

504
秀吉を襲った大地震
地震考古学で戦国史を読む
寒川旭
現代と同じ「内陸地震の時代」を秀吉はどう生きたか？大地の歴史を解読する。

539
武具の日本史
近藤好和
古代から幕末までの武器を、細部にわたり丁寧に図解する「武具の小百科」。

564
お江
浅井三姉妹の戦国時代
武光誠
戦国動乱の時代に生きた、お市の姫たち（淀殿・お初・お江）の命運を描く。

565
長崎を識らずして江戸を語るなかれ
松尾龍之介
表玄関を担ってきた長崎を抜きにして、江戸時代が語れないことを紹介する。

613
平清盛
天皇に翻弄された平氏一族
武光誠
清盛は、いかにして天皇家と貴族との権力争いの中に巻き込まれていったのか。

675
犬の伊勢参り
仁科邦男
犬が単独で伊勢参りをする。江戸後期から明治にかけて本当にあった不思議な物語。

703
黒田官兵衛
智謀の戦国軍師
小和田哲男
卓越した「謀」の才能で、激動の戦国時代を終焉に導いた武将の生涯を描く。

713
戦国大名
政策・統治・戦争
黒田基樹
大名権力はいかに領国を治めたのか。最新の研究成果による戦国大名像の決定版。